기술지능

TQ 기술지능

미래의 속도를 따라잡는 힘

정두희 지음

청림출판

한 그루의 나무가 모여 푸른 숲을 이루듯이
청림의 책들은 삶을 풍요롭게 합니다.

빠르게 변하는 세상, 어떻게 대응할 것인가

한겨울 강풍이 몰아치면 체감온도가 뚝 떨어진다. 체감온도란 말 그대로 몸이 느끼는 온도다. 동시에 심리적인 개념이기도 하다. 따뜻할 줄 알았는데, 막상 바깥에 나가 차가운 강풍을 맞으니 몸으로 느껴지는 온도가 매우 낮다. 이렇게 기대 온도와 실제 온도의 차이가 체감온도를 만든다.

변화의 속도도 마찬가지다. 요즘은 하루가 다르게 세상이 변한다. 시도 때도 없이 신기술이 쏟아져 나오는데, 그 발전 속도 또한 놀랍다. 물론 우리는 이미 세상이 빠르게 변하고 있다는 것을 안다. 그런데 실제로 일어나는 변화는 우리의 생각보다 더 빠르다. 예상 속도보다 실제 속도가 더 빠르니 체감 속도가 높은 것이다. 이렇게 높은 체감 속도 때문에 많은 사람들이 변화를 두려워한다. 지나치게 빠른 변화 때문에 자신이 가진 소중한 것들을 잃을까 두려운 것이다. 실제로 많은 전문가가 4차 산업혁명의 주요 특징으로 파괴성Disruptive을 꼽는다. 빠르게 변하는 과정에서 상식이 파괴되고, 그동안 경쟁력을 확보해오던 방식이 더 이상 통하지 않고, 부를 쌓는 방법이 바뀐다.

이 변화의 근원은 다름 아닌 기술 발전이다. 인공지능Artificial Intelligence, AI, 3D 프린팅, 가상현실Virtual Reality, VR 등 지금껏 인류가 접하지 못한 새로운 기술이 세상의 패러다임을 근본적으로 바꾸고 있다. 과거에는 일부 하이테크 기업의 전유물이었던 기술이 이제는 산업의 경계를 넘어 모든 기업에게 중요해지고 있다. 산업과 시장과 사회가 완전히 재편될 조짐을 보이고 있는 것이다.

이렇게 기술이 모든 것을 바꾸고, 세상이 빠르게 재편되는 시기에 우리는 어떻게 해야 할까? 수많은 경영 구루가 공통적으로 하는 이야기가 있다. 바로 기술이 일으키는 변화의 흐름을 꿰뚫어 보고, 새로운 기회를 만들어내는 고도화된 기술 중심의 지능을 가져야 한다는 것이다.

바로 이 책에서 소개하는 '기술지능Technology Quotient, TQ'이다. 단순히 기술 자체에 대한 난해한 지식을 말하는 것이 아니다. 4차 산업혁명 시대에는 기술이 시장과 산업을 바꾸는 본질을 간파하고, 지금껏 경험하지 못한 변화 속에서 생존력과 경쟁력을 갖추는 방법을 터득하며, 탁월한 아이디어로 시장을 만들어내거나 주도해야 살아남는다. 이 생존 능력이 바로 기술지능인 것이다.

전 세계 시장을 살펴보면 이미 기술적으로 고도화된 지능을 가진 사람들이 기회를 독점하고 있다. 넷플릭스Netflix, 아마존Amazon, 에어비앤비Airbnb, 테슬라Tesla, 페이스북Facebook 등 전례 없는 속도로 시장 지배력을 확장하는 곳은 대부분 기술 중심 기업으로, 경영자는 기술 지식으로 무장한 인물인 경우가 많다. 이런 경향은 더욱더 심해져서, 앞으로는 기술지능이 뛰어난 소수가 모든 기회를 독점할 것으로 예측된다. 이는 곧 기술지능을 갖추지 못한 다수는 도태될 위험에 처한다는 뜻이다.

이 책은 세상이 전면적으로 재편될 4차 산업혁명 시대에 변화의 흐름을 꿰뚫어 보고 새로운 기회를 통찰할 수 있는 '감sense'을 갖기를 원하는 독자를 돕기 위해 쓰였다. 지금 우리는 새로운 시대로 접어드는 과도기에 서 있다. 우리가 미래 경쟁력을 갖기 위해서는 다가오는 새 시대의 문제들을 쉽게 풀 수 있는 지적 능력을 갖춰야 한다. 바로 기술지능이다. 나는 이 책을 읽은 여러분이 기술지능을 갖춰 미래의 변화 속도를 따라잡고, 경쟁력을 높일 수 있기를 희망하는 마음으로 책을 썼다.

그리고 탁상공론으로 그치는 주장을 피하고, 책 속에 구체적이고 현실적인 대안을 제시하기 위해 노력했다. 그러기 위해 몇 가지 중요한 소스를 활용했다.

첫째, 무엇보다 이미 시장에서 벌어지고 있는 현상과 데이터를 기반으로 기술지능에 대해 설명했다. 구글Google, 애플Apple, 3M, 아마존, P&G 등 기술 혁신을 선도하는 해외 기업에서 의사 결정 권한을 가진 임원 2,000여 명의 이력, 교육 배경, 의사 결정 방식 등을 전수 조사했고, 이를 바탕으로 탁월하고 혁신적인 성과를 올리는 근원이 무엇인지 분석했다.

둘째, 책의 내용이 충분한 인사이트를 가지려면 데이터 중심의 계량 분석에만 치우쳐서는 안 된다고 판단했다. 실제로 기업의 역사를 만들어온 경영자의 이야기가 필요했다. 그래서 나는 에릭 슈미트Eric Schmidt 구글 전 회장, 잭 웰치Jack Welch GE 전 회장, 존 체임버스John Chambers 시스코Cisco 회장, 존 컬버John Culver 스타벅스Starbucks 사장, 케빈 로버츠Kevin Roberts 사치앤드사치Saatchi&Saatchi 회장, 보 크리스텐센Bo. Kristensen 레고 코리아 사장, 그리고 실리콘밸리의 다양한 스타트업 CEO들을 직접 인터뷰했고, 여기서 얻은 인사이트를 이 책이 제시하는 개념을 개발하는 데 활용했다.

셋째, 이 책이 제시하는 새로운 개념이 허황된 담론이 되지 않기 위해서는 논리적인 뒷받침 또한 충실해야 했다. 나는 기술경영 분야의 창시자인 윌리엄 밀러William Miller 스탠퍼드대학Stanford University 교수, 기술 혁신 분야의 세계적 권위자인 제임스 어터백James Utterback MIT 교수, 조직 혁신 분야의 석학 도널드 설Donald Sull MIT 슬론경영대학원Sloan School of Management 교수, 경영전략의 대가 데이비드 요피David Yoffie 하버드경영대학원Harvard Business School 교수, 세계적인 인지과학자 게리 클라인Gary Klein 박사 등을 직접 만나 토론하며 이 개념의 논리적 뼈대를 견고하게 발전시켰다. 이 책의 일부 내용을 세계적 경영학회인 AOMAcademy of Management과 SMSStrategic Management Society에서 발표하고, 전문가들과의 논의를 통해 더욱 발전시켰다.

따라서 이 책은 가설 수준의 막연한 주장이 아니라, 현실에서 충분히 증명됐으며 세계적인 경영 구루들로부터 얻은 통찰에 기반해 완성된 것임을 밝힌다.

　이 책이 제시하는 기술지능은 시대적 키워드다. 나는 이 새로운 능력이 4차 산업혁명기에 국가, 기업, 개인의 명운을 좌우할 것이라 확신한다. 대한민국의 기술적 우위를 높이고, 기업의 글로벌 경쟁력을 향상시키며, 독자 개인의 역량과 커리어상의 경쟁력을 높이는 데 이 책이 십분 활용되기를 희망한다.

2017년 가을
정두희

3장 비범한 해석이 비범한 역량을 낳는다
해석의 영역 Interpretation

4장 미래 기술을 내 역량으로 만들 수 있는가
내재화 영역 Internalization

5장 기술 결합으로 새로운 에너지를 만든다

융합의 영역Intergration

6장 역량 증폭으로 지배력을 높인다

증폭의 영역Inflection

7장 어떻게 기술지능을 높일 것인가

TQ를 높이는 열두 가지 방법

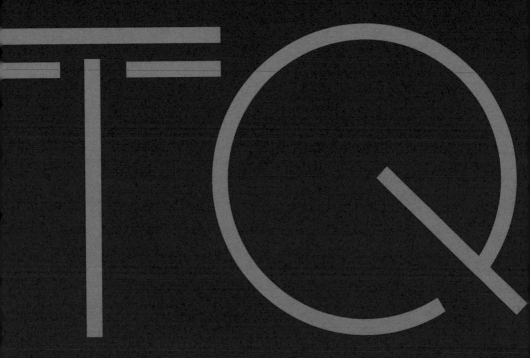

1장

기술혁명
시대가 온다

새로운 세상을 준비하는 다섯 가지 기술지능

Technology Quotient

그들이 디지털 인재로
중무장하는 이유

2016년 여름, 세계적인 광고 회사 사치앤드사치의 뉴욕 사무실에서 케빈 로버츠 회장을 만났다. 창의적인 기업으로 손꼽히는 사치앤드사치는 어떤 인재를 중시하는지 물어보니 다섯 가지 역량이 중요하다는 대답이 돌아왔다.

지능지수를 일컫는 IQIntelligence Quotient, 사회적인 관계 맺기 능력을 알려주는 감성지수 EQEmotional Quotient, 민첩성을 가리키는 BQBloody Quick, 창의성지수인 CQCreative Quotient, 그리고 기술지능 TQ였다. 다른 것들은 쉽게 납득했지만 마지막 TQ는 좀 의외였다. 왜 광고 회사에서 기술과 관련된 TQ를 중시하는 것일까?

케빈 로버츠 회장은 나의 질문에 다음과 같이 설명했다.

우리는 시간이 흐를수록 점점 기술의 노예가 되고 있습니다. 가족이 모여 식사할 때도 다들 스마트폰을 보느라 대화가 없습니다. 이렇게 기술의 노예가 되어서는 안 됩니다. TQ는 거꾸로 기술을 우리의 노예로 만드는 능력입니다. 기술은 새로운 기회를 만들어냅니다. 이전에 없었던 새로운 능력을 갖게 합니다. 이는 광고업뿐 아니라 모든 업종이 마찬가지입니다.

실제로 사치앤드사치는 2014년 이후 기술 인력을 다수 채용했다. 기술 트렌드 세미나 및 최신 기술 공유 프로그램을 수시로 마련해 임직원들의 TQ를 높이고 있다. 광고를 만들 때도 가상현실, 머신러닝Machine Learning, 자연어처리Natural Language Processing 등과 같은 기술을 도입해 이전과 다른 방식을 시도하고 있다. 말하자면 광고업계에서 그동안 하지 않았던 새로운 시도를 하는 중이다.

스타벅스 역시 디지털 기술 도입에 상당히 열을 올리고 있다. 클라우드Cloud, 빅데이터Big Data, 모바일, 보안, 네트워크 기술에 대한 노하우와 경험이 있는 실리콘밸리의 기술 인력을 적극 영입하는 등 커피 판매 회사가 맞나 싶을 정도로 선진화된 IT 기술을 많이 보유하고 있다.

예를 들어 '사이렌 오더' 서비스의 경우, GPS로 이용자 반경 500미터 안에 있는 스타벅스 매장을 검색해주고, 모바일 앱으로 커피를 미리 주문할 수 있게 해준다. 심지어 원거리 결제 시스템까지 개발해 매장에 가기 전에 결제까지 미리 해놓을 수 있다. 아마존이 개발한 인공지능 알렉사Alexa를 도입해, 말이나 채팅으로 음료를 주문하는 '마이 스타벅스 바리스타' 서비스도 시작했다. 마치 매장에서 바리스타에게 주문하듯, 모바일로 인공지능 바리스타와 대화를 나누며 커피를 주문하거나 새로운 메뉴를 추천받을 수 있는 서비스다.

하워드 슐츠Howard Schultz 스타벅스 회장은 "스타벅스가 근본적으로 추구하는 사용자 경험을 획기적으로 끌어올리는 데 있어서 디지털 기술은 매우 중요한 역할을 한다"고 강조했다.

GE도 못지않다. 제프리 이멀트Jeffrey Immelt GE 전 회장은 2015년 디지털 비전을 발표하고 전사적으로 나아갈 방향을 제시했다. 그해 9월에는 기업의 디지털 역량을 통합 구축하는 'GE 디지털GE Digital' 사업 부문을 캘리포니아에 신설했다. 그리고 구글, IBM, 오라클Oracle, 시스코Cisco 등 IT 기업에서 일하는 데이터 엔지니어, 데이터 사이언티스트, 딥러닝 전문가, 소프트웨어 전문가 등을 영입했다.

이렇게 해서 GE가 2016년 말까지 새로 채용한 기술 인력만 6,000여 명에 이르고, 디지털사업부 인력은 소프트웨어 엔지니어만 1만 4,000여 명에 달한다. GE는 다른 부서보다 10~20퍼센트 높은 연봉을 제시하며, 디지털사업부를 앱과 플랫폼 개발 기술을 보유한 인재, 프로그래밍이 가능한 컴퓨터공학 및 전기공학 전공자들로 구성했다. 기술 지식이 있는 사람들의 가치가 더욱 높아지고 있음을 보여주는 사례다.

이렇게 많은 기업들이 기술 자원으로 중무장하는 데 열을 올리고 있다. 그 이유가 뭘까? 지금부터 찬찬히 알아보자.

실리콘밸리에서 트렌드를 가장 빨리 읽는 곳은 바로 싱귤래리티대학Singularity University이다. 2008년, 저명한 미래학자 레이먼드 커즈와일Raymond Kurzweil과 함께 이곳을 설립한 피터 디아만디스Peter Diamandis 학장은 전 세계의 기술과 산업이 "인류가 겪어보지 못한 기하급수적 변화"를 겪게 될 것이라고 강조했다. 기술이 기하급수적으로 진화하기 때문에 변화의 영향 또한 기하급수적일 것이라는 것이다.

디아만디스는 파괴적인 기술혁명은 본격적인 대격변이 일어나기 전에 고요한 잠복기를 거친다고 했다. 아무리 파괴적인 기술이라도 처음에는 그 영향력이 미미하며, 시간이 지남에 따라 발전 속도가 기하급수적으로 증가하기 때문이다. 마치 쓰나미와 같다. 거센 물살이 몰아치기 시작하면 거침없이 모든 것을 파괴해나가지만, 그 전까지는 바다가 한없이 고요하다. 오히려 시원한 바람이 분다.

바로 지금이 잠복기다. 수많은 기술이 동시다발적으로 발전하고 있지만, 그 파괴력은 아직 드러나지 않았다. 우리는 이 잠복기를 어떻게 보내고 있는가? 잠복기 이후에 벌어질 어마어마한 파괴적 변화를 생각하면 지금 이 시기를 우두커니 보낼 수는 없다. 앞에서 이야기한 사치앤드사치의 케빈 로버츠, 스타벅스의 하워드 슐츠, GE의 제프리 이멀트뿐 아니라 테슬라의 일론 머스크Elon Musk, 우버Uber의 트래비스 캘러닉Travis Kalanick 등은 점점 다가오고 있는 거대한 파도에 맞서기 위해 명운을 걸고 혁신하는 중이다.

엄청난 역량 증폭이 일어나고 있다

4차 산업혁명은 한마디로 '증폭'이다. 제임스 어터백 MIT 교수는 기술혁신이 산업을 변화시키는 메커니즘을 40년 넘게 연구해왔다. 그는 인공지능, 사물인터넷Internet of Things, IoT, 증강현실Augmented Reality, AR, 가상현실, 3D 프린팅 등 다양한 기술이 기하급수적으로 발전하며 개인과 기업의 역량을 증폭시키고 있다는 점을 강조했다. 영화 〈아이언맨 Iron Man〉에서 주인공 토니 스타크는 아이언맨 슈트를 입으면 초인적 능력을 발휘한다. 자유자재로 하늘을 날고, 엄청나게 무거운 물체를 번쩍 들고, 인간이 버틸 수 없는 충격을 견딘다. 최첨단 기술이 밀집된 슈트로 인간의 한계를 극복하고 놀라운 능력을 발휘한다.

그런데 이런 역량 증폭 현상이 우리 주변에서도 일어나고 있다. 평범한 개인이나 기업이 이전에는 상상도 하지 못한 일들을 해내고 있는 것이다.

3D 프린팅 기술을 예로 들어보자. 2016년, 럭셔셀Luxexcel은 안경을 만들 수 있는 3D 프린터를 공개했다. 일반적으로 안경을 맞추려면 안경점에 가서 시력을 잰 다음 몇 시간 혹은 며칠을 기다려야 한다. 그것이 상식이다. 그런데 럭셔셀이 개발한 3D 프린터는 사람이 시력을 재고, 원하는 안경테 디자인을 고르면 그 자리에서 바로 안경을 만들어준다. 시력에 맞는 안경이 나오는 데 걸리는 시간은 고작 30분. 더 놀라운 사실은 일반 안경뿐 아니라 콘택트렌즈까지 즉석에서 만들 수 있다는 것이다. 콘택트렌즈는 두께가 0.01밀리미터만 차이 나도 도수가 달라지기 때문에 고도의 정밀성이 요구된다. 이런 종류의 일을 3D 프린터가 쉽게 해내는 시대가 된 것이다.

게다가 이 3D 프린터는 개인이 운용할 수 있다. 잘 짜인 알고리즘과 3D 프린터만 있으면 넓은 매장에 수많은 안경테, 렌즈를 화려하게 진열해놓은 안경점보다 훨씬 경쟁력 있는 비즈니스를 할 수 있는 세상이

된 것이다. 이렇듯 3D 프린터는 생산에 있어서 정밀성뿐 아니라 초효
율성을 실현하고 있다.

3D 프린팅 기술은 안경 같은 작은 물건을 만드는 데 그치지 않는다.
앞으로 건축업자들은 거대한 기회와 위협에 직면할 것이다. 말도 안
되는 방식으로 건축 패러다임을 바꾸는 기업이 등장할 것이기 때문이
다. 네덜란드, 미국, 영국, 중국 등 세계 곳곳에서 3D 프린팅으로 집을
짓는 기업이 늘어나고 있다.

3D 프린팅 건축이라고 하면 대개는 벽돌이나 판넬 같은 건축자재
를 3D 프린터로 만들고 사람이 조립하는 방식을 예상한다. 그런데 중
국의 건축 회사 화상텅다華商騰達는 2016년, 건물 전체를 3D 프린팅 기
술로 지었다. 오두막 정도를 생각하면 오산이다. 약 400제곱미터에 달
하는 2층짜리 별장형 주택으로, 벽 두께가 2.4미터 정도여서 규모 8의
지진도 견딜 수 있다. 거대한 3D 프린터가 특수 철근과 콘크리트 등
건축자재를 스스로 배합해 시공하고, 10명 남짓한 현장 관리자들은 관

아피스코어가 3D 프린팅 기술로 만든 건축물

리, 감독, 도색, 마감 작업에만 관여했다. 더욱 놀라운 점은 이 주택을 짓는 데 단 45일밖에 걸리지 않았다는 사실이다.

2017년에는 미국의 건축 회사 아피스코어Apis Cor가 약 37제곱미터 크기의 소형 주택을 단 하루 만에 만들었다. 건물을 짓는 데 들어간 비용은 고작 1만 134달러, 한화로 약 1,200만 원 정도이다. 아파트 분양에 당첨되고 입주하기까지 2~3년이란 공사 기간을 기다리는 우리의 상식을 완전히 파괴한다. 건축물을 짓는 역량의 차원이 획기적으로 향상된 것이다.

3D 프린팅 잉크는 처음에는 주로 플라스틱 소재였지만, 이제는 사용할 수 있는 소재의 종류만 300가지가 넘는다. 게다가 3만 개나 되는 스프레이 노즐이 초속 3.5억DPSdrop per second로 초정밀 프린팅을 가능

하게 한다. 만들 수 있는 것도 앞에서 이야기한 안경, 건물을 비롯해 섬세한 맞춤형 의류, 설계가 고도로 복잡한 자동차 등 다양하다.

심지어 바이오프린팅 기술이 발전하면서, 머지않아 줄기세포로 모발, 귀, 장기까지 만들 수 있게 될 것이다. 3D 프린팅은 거대한 조직이나 자원이 필요 없다. 수많은 절차가 생략되기 때문에 최소한의 인원, 심지어 개인이 고부가가치 생산을 이룰 수 있다.

3D 프린팅은 하나의 예에 불과하다. 수많은 기술이 인간의 역량을 놀라울 정도로 증폭시키고 있다.

휴 허Hugh Herr MIT 미디어랩Media Labs 교수는 30여 년 전, 산에서 두 다리를 잃었다. 그리고 이제는 첨단 의족 연구를 주도하고 있다. 뇌신경이 내리는 명령에 따라 실제 다리처럼 움직이는 의족을 개발한 것이다. 휴 허 교수는 이 의족을 달고 산에 오른다.

기술은 인간의 육체적 한계뿐 아니라 지적, 정신적 한계도 극복해주고 있다. 기업을 이끄는 경영자에게 가장 중요한 능력을 꼽는다면 변화를 예측하는 감각일 것이다. 변동성이 심해질수록 예측이 어려워진다.

그런데 머신러닝은 미래 변화를 예측하는 능력을 획기적으로 높여준다. 인간이 다 인지할 수도 없는 방대한 데이터를 바탕으로 세상의 흐름을 간파하고, 이 흐름의 향방을 예측하는 것이다.

이는 경영자의 의사 결정 수준을 높이는 데 있어서 매우 중요한 역할을 할 것이다. 구글의 CEO인 순다르 피차이Sundar Pichai는 새로운 사업에 대한 의사 결정을 내릴 때 인공지능의 도움을 받는다.

아마존은 인공지능을 이용해 타의 추종을 불허하는 마켓 트렌드 예측 능력을 과시하고 있다. 각 제품이 앞으로 얼마나 팔릴지, 누가 이 제품을 살지를 정확히 예측한다. 각 고객에게 빠른 배송이 얼마나 중요한지도 알아맞힌다.

구글 번역 서비스는 인공지능 알파고AlphaGo의 딥러닝 알고리즘이 적용된 지 6개월 만에 학습 수준이 미국 고등학생 정도로 향상됐으며, 그 발전 속도가 점점 빨라지고 있다. 원어민이 실제 사용하는 수준으로 한국어를 영어로, 또 영어를 한국어로 번역해주며, 심지어 고급 학술 용어가 쓰인 논문을 번역하는 능력도 매우 뛰어나다. 언어 장벽으로 스트레스를 받는 수많은 한국인의 커뮤니케이션 역량을 단숨에 증폭시키고 있다. 통역 서비스 역시 빠르게 발전하고 있어 머지않아 언어 장벽이란 개념 자체가 사라질 것으로 보인다.

MIT 미디어랩의 테가Tega 로봇 팀은 어린이의 어휘력을 키워주는 교육용 로봇을 개발했다. 이미 다 알고 있겠지만 선생님과 학생 사이의 긍정적 교감은 교육 효과에 많은 영향을 미친다. 아이가 좋아하는 선생님일수록 아이의 학습 능력이 향상된다는 연구 결과도 많다.

그런데 테가 로봇에는 상대하는 아이의 경험과 감정을 공유하는 알고리즘이 이식돼 있다. 아이의 상태를 잘 파악하고, 편한 추임새를 넣어 금세 친구 같은 감정을 공유한다. 또한 미리 저장된 수십 가지 애니메이션에서 단어 뜻을 가장 잘 전달하는 방법을 찾아 아이의 단어 실력을 높인다.

페이스북은 '사일런트 스피치Silent Speech'라는 기술을 개발하고 있다. 일종의 두뇌로 말하는 기술로, 센서가 뇌 신경 활동을 읽어 들여 머릿속으로 생각한 내용을 최대 분당 100단어 속도로 입력한다. 더욱 놀라운 것은 그 사람의 모든 생각이 아니라 그 사람이 말하고자 하는 단어만 입력한다는 사실이다.

이 기술은 인간의 지적 활동을 크게 향상시킬 것이다. 생각은 손보다 빠르다. 즉 머릿속에 든 생각을 자연어로 표현하는 데 상당한 시간이 걸린다. 머릿속 생각을 손으로 옮겨 적거나 컴퓨터 키보드를 두드리는 속도만큼 시간이 걸린다. 노인은 더욱 오래 걸릴 것이다. 그런데 사일런트 스피치는 생각을 그대로 글로 나타내주기 때문에 생각하는 만큼만 시간이 걸린다. 마크 저커버그Mark Zuckerberg 페이스북 CEO는 가상현실에 유독 관심이 많은데, 이 뇌 입력 기술이 가상현실 기술과 결합해 큰 시너지를 낼 것으로 보고 있다.

가상현실은 사용자와 상호작용을 하면 할수록 가치가 높아집니다. '네', '아니오'라는 간단한 선택을 뇌로 할 수 있기만 해도 가상현실 기술을 훨씬 발전시킬 수 있을 것입니다.

참고로 페이스북은 손보다 다섯 배 빠른 속도로 뇌에서 직접 휴대전화로 글자를 입력하는 웨어러블 기기를 개발하는 데 초점을 맞추고 있다. 이와 함께 달팽이관을 피부 전체에 펼쳐놓은 것처럼 피부로 소리를 듣는 기술도 개발 중이다. 이런 기술이 상용화되면 언어장애가 있는 사람들이 커뮤니케이션 능력의 혁명을 경험하게 될 것이다. 말하는 능력, 듣는 능력, 쓰는 능력의 한계를 과학기술로 극복함으로써 구텐베

르크Gutenberg의 인쇄술 발명 이래 인류의 지적 활동에 가장 크나큰 혁명을 일으킬 것이다. 페이스북은 2019년 즈음이면 이 기술을 상용화할 수 있을 것이라고 전망하고 있다.

과학기술은 기업의 경쟁력을 획기적으로 증폭시킨다. 아마존이 적극 도입한 드론 배송 서비스는 배송의 개념 자체를 바꿔놓았다. 땅이 넓은 미국에서는 배송 시간이 24시간 이상 걸리는 경우가 많은데 이를 최대 30분 이내로 단축시키는, 말도 안 되는 가능성을 연 것이다.

또 아마존은 알렉사라는 인공지능 비서를 출시하기도 했다. 알렉사가 있으면 물건을 살 때 컴퓨터를 켜고 아마존 사이트에 들어가 제품을 검색하고 결제할 필요가 없다. 알렉사의 이름을 부르고 원하는 명령만 내리면 나머지는 인공지능 비서가 알아서 해준다. 그동안 전자상거래업계에서 상상조차 하지 못했던 초간편 구매 서비스를 실현시킨 것이다. 아마존은 알렉사의 인공지능 판독 시스템으로 아마존에서 일어나는 수많은 거래를 분석해 사기, 부실채권, 상품을 받지 못한 고객을 줄이는 등 사용자 경험을 극대화하기도 한다.

이렇게 기술은 개인의 육체적, 정신적, 지적 역량을 향상시키고 기업의 비즈니스 역량을 증폭시킨다. 게다가 본격적인 증폭의 역사는 시작되지도 않았다. 글로벌 기업들이 개발한 인공지능은 아직 학습과 테스트 단계로, 각 분야에서 주류로 활용되기까지는 좀 더 시간이 걸린다. 3D 프린팅 역시 지금은 가능성을 보여주는 단계일 뿐 본격적인 생산혁명은 시작되지도 않았다. 자율주행차가 상용화되는 데 필요한 과도기도 아직 지나지 않았다. 그러나 기술들은 매우 빠르게 발전할 것이며, 어느 순간부터는 인류의 역량을 그동안 경험해보지 못한 방식으로 증폭시켜 우리의 삶과 사회에 대격변을 일으킬 것이다.

즉 우리는 지금 거대한 변화의 소용돌이 초입에 서 있는 것이다. 이 시기에 우리에게 가장 필요한 게 무엇일지 생각해보지 않을 수 없다. 이 문제를 풀려면 먼저 지금 일어나고 있는 변화가 도대체 어떤 종류인지부터 정확하게 짚어야 한다.

기술 발전 속도와
기술 활용 속도의 차이

알파고가 이세돌과의 바둑 대전에서 승리한 지 얼마 되지 않아 인공지능 번역, 인공지능 로봇 등 알파고에 사용된 딥러닝 알고리즘이 적용된 제품들이 출시됐다. 얼마 전만 해도 자율주행차는 미래에 등장할 신기술의 영역이었지만, 이제는 일부 도로를 공식적으로 주행하고 있다.

15세기 중반 구텐베르크가 금속활자를 발명해 인쇄 혁명을 일으킨 이후 컴퓨터로 프린팅을 하기까지 대략 500년의 시간이 걸렸다. 그로부터 3D 프린터가 나오기까지는 30년도 채 걸리지 않았다.

다른 분야는 어떨까? 인류 최초의 자동화 기계는 제임스 하그리브스 James Hargreaves가 18세기 후반에 발명한, 실을 연속으로 뽑는 다축 방적기다. 이후 세계 최초의 산업용 로봇 유니메이트Unimtate가 발명되기까지 200년이 걸렸다. 그로부터 세계 최초의 휴머노이드 로봇인 샤프트

Schaft가 발명되기까지는 50년이 채 걸리지 않았다.

1990년대에 시작한 게놈 프로젝트는 인간의 유전자 정보를 해독하기까지 연구비 30억 달러와 13년이란 세월을 필요로 했다. 그런데 이제는 유전정보 회사인 23앤드미23 and me에 99달러만 내면 유전정보 분석 서비스를 통해 미래에 자신이 걸리기 쉬운 질병을 미리 알 수 있다.

지금의 기술 발전은 자가 촉매적 발전 구조를 따른다. 즉 한 기술이 다른 기술의 발전을 촉진하며, 각각의 기술 발전 단계가 다음 기술이 더 빠르게 발전하는 데 기여한다. 디지털 기술은 인공지능 기술을 향상시키고, 인공지능 기술은 디지털 기술을 향상시키는 식이다. 여기에 클라우드 컴퓨팅과 데이터 저장 기술, 사물인터넷 네트워크 기술이 결합되면서 기술 촉진이 엄청나게 가속되고 있다.

그럼 인간이 기술을 활용하는 속도는 어떨까? 과거에는 기술 개발 속도에 크게 뒤지지 않았다. 문서 작성 기술을 예로 들어보자. PC가 대중화되고, MS워드 같은 문서 작성 프로그램이 개발되자 문서 작성 속도가 엄청나게 빨라졌다. 문서가 디지털 형태로 저장되면서 필요한 자료를 검색하고 활용하는 수준도 획기적으로 높아졌다. 디지털이 가진 특징 때문에 한꺼번에 수많은 사람과 문서를 공유할 수 있게 됐다. PC와 워드프로세서 기술 덕분에 인류의 문서 작성 역량이 크게 증폭된 것이다.

그런데 이 시기에 MS워드로 문서 작성하는 기술을 1년 늦게 익힌다고 해서 개인의 삶에 커다란 지장을 주거나 경쟁에서 뒤처지는 일은 없었다. MS워드 프로그램을 익히는 것 자체가 별로 어렵지 않았다. 더 빨리 익힐 필요가 없었다. 애써 노력하지 않아도 자연스럽게 컴퓨터 활용 능력을 체득할 수 있었고, 사회는 천천히 기술을 습득하는 것을 용인해줬다.

그런데 지금은 다르다. 기술 발전 속도가 기술 활용 속도를 기다려주지 않는다. 2016년 알파고가 이세돌 9단에게 승리하자 사람들은 큰 충격에 빠졌다. 많은 바둑 기사가 알파고의 알고리즘과 기보를 분석해 인공지능을 따라잡으려 했지만, 알파고의 학습 수준이 갈수록 향상돼 바둑 실력 차이는 더욱 벌어졌다. 일찌감치 인공지능 기술을 개발한 기업들은 다양한 사업 분야에서 사업 역량을 증대시키고 있다. 한편 뒤늦게 개발에 나선 우리나라는 아직 걸음마 단계다. 문제는 시간이 갈수록 글로벌 기업과의 기술 격차가 점점 크게 벌어지고 있다는 것이다. 기술을 늦게 채택하는 바람에 학습과 축적의 경쟁에서 불리해진 것이다.

기술을 안다 하더라도 이를 통해 자신의 역량을 증폭시키지 못하면, 역량을 증폭한 경쟁자와의 경쟁에서 도태되는 것이 지금의 상황이다. 과거에는 기술이 천천히 발전했고, 특정 영역에만 쓰였기 때문에 기술을 빨리 습득하고 활용하는 능력이 크게 중요하지 않았다. 그러나 지금은 기술이 인간, 기업, 산업을 뿌리부터 뒤흔든다. 그런 기술이 동시다발적으로 쏟아져 나오고 있다. 기술 발전 속도가 기하급수적으로 빨라지면 신기술이 등장하는 즉시 전혀 새로운 차세대 기술이 나온다. 갈수록 산업 파괴가 극심해진다. 기술로 역량을 증폭시킨 소수와 나머지의 격차가 더 커지고, 산업의 생태계는 이전과 전혀 다르게 바뀐다.

기술을 이용해 자신의 역량을 증폭시키는 것이 이제는 생존 조건이 된 것이다.

기술 능력을 증폭한 소수가
시장을 독식한다

또 한 가지 주목할 점은 부의 분배 패턴이다. MIT 슬론경영대학원 교수 에릭 브린욜프슨Erik Brynjolfsson, 미래학자 토머스 프레이Thomas Frey 등 많은 전문가들이 4차 산업혁명 시대에는 시장에서의 수익률이 거듭제곱 법칙law of power을 따를 것이라고 예측한다. 거듭제곱 법칙이란 일반적으로 잘 알려진 파레토 법칙Pareto's Law과 비슷하다. 파레토 법칙은 상위 20퍼센트가 전체 부의 80퍼센트를 갖는다는 소득분포 법칙인데, 거듭제곱 법칙은 이 양상이 더 심해진다는 개념까지 포함한다. 즉 수많은 사람이 경제적 하층으로 전락하고, 이들의 부가 극소수의 기업 및 기술 권력자에게 흡수된다는 말이다.

시장에서 가장 큰 수익은 언제나 가장 희소한 자원을 가진 자에게 돌아간다. 과거에는 노동 자본이 부를 창출했다. 일한 만큼 돈을 벌었고, 노동자가 많은 회사가 더 많은 수익을 거뒀다. 부동산 등 자산을 소유하는 것 자체가 부를 창출했다. 앞으로는 다를 것이다. 이미 많은 이들이 예측하듯 소프트웨어가 노동을 대체하면서 노동 가치가 점차 소멸될 것이다. 값싸게 모든 사물을 프린팅할 수 있는 시대가 되면 지금의 아파트나 건물 같은 투자 목적의 자산 소유가 무의미해진다.

그렇다면 4차 산업혁명 시대에 희소한 자원은 과연 무엇일까? 바로 기술 자본이다. 인공지능, 소프트웨어 등 기술 자본을 가진 자가 증폭된 역량으로 월등한 제품을 배포하고 확산시켜 시장을 장악하고, 경쟁사들은 소멸한다. 인공지능 기술이 월등한 기업에 더 많은 소비자가 몰리고, 이렇게 해서 얻은 사용 데이터를 기반으로 인공지능 머신은 더욱 강력하게 고도화된다. 역량이 증폭된 소수가 시장을 독식한다. 기술 자본으로 창출된 수익은 과거처럼 열심히 일하는 노동자나 부동산 입지를 잘 아는 전문가가 아니라, 기술 자본을 가졌거나 다룰 줄 아는 부류에게 돌아간다. 그렇지 못한 사람들은 나머지 수익을 아주 조금씩 나눠 가지면서 부익부 빈익빈 현상이 더욱 심화된다.

참고로 세계적인 경제 전문지 〈패스트컴퍼니Fast Company〉는 매년 '세계에서 가장 혁신적인 기업The Most Innovative Companies'을 선정하는데, 2017년에는 아마존, 구글, 우버, 애플 등이 상위권에 선정됐고, 스냅Snap, 트윌리오Twilio, 초바니Chobani, 스포티파이Spotify 등 신흥 기업들이 10위권에 진입했다.

10위까지의 기업 중 90퍼센트가 IT 기술을 기반으로 한 기업이었고, 선정된 혁신 기업의 80퍼센트는 CEO가 기술을 다루는 공학을 전공했다. 기술로 중무장한 기업가들이 혁신을 주도하고 있음을 단적으로 보여주는 결과라고 할 수 있다.

이처럼 일부 하이테크 기업의 전유물이었던 기술이 이제는 산업의 경계를 넘어서고 있다. 기술이 모든 기업에게 중요해지는 시대로 바

	기업	CEO	CEO 학력	업종
1	아마존	제프 베조스 (Jeff Bezos)	프린스턴대학 (Princeton University) 전기공학 및 컴퓨터공학 학사	전자상거래
2	구글	래리 페이지 (Larry Page)	미시간대학 (The University of Michigan) 컴퓨터공학 학사 스탠퍼드대학 컴퓨터공학 석사	인터넷 검색 서비스
3	우버	트래비스 캘러닉	UCLA 컴퓨터공학 학사 중퇴	차량 공유 서비스
4	애플	팀 쿡 (Tim Cook)	오번대학(Auburn University) 산업공학 학사 듀크대학(Duke University) 경영학 석사	IT 기기
5	스냅	에반 스피겔 (Evan Spiegel)	스탠퍼드대학 산업디자인 학사	소셜 네트워크 서비스
6	페이스북	마크 저커버그	하버드대학 컴퓨터공학 학사	소셜 네트워크 서비스
7	넷플릭스	리드 헤이스팅스 (Reed Hastings)	스탠퍼드대학 컴퓨터공학 석사	인터넷 스트리밍 미디어 서비스
8	트윌리오	제프 로슨 (Jeff Lawson)	미시간대학 컴퓨터공학 학사	클라우드 통신 서비스
9	초바니	함디 울루카야 (Hamdi Ulukaya)	앙카라대학(Ankara University) 정치과학 학사 뉴욕주립대 올버니캠퍼스 (University of Albany) 경영학 석사	식품
10	스포티파이	다니엘 에크 (Daniel Ek)	스웨덴왕립공과대학(Royal Insitute of Technology) 컴퓨터공학과 중퇴	음악 스트리밍 서비스

〈패스트컴퍼니〉 선정 '세계에서 가장 혁신적인 기업 2017' TOP 10의 CEO/창업자 이력

꾸고 있는 것이다. 시대가 근본적으로 변하고 있는 오늘날, 그 중심에 기술이 자리 잡고 있다는 사실을 잊어서는 안 될 것이다.

트래비스 캘러닉은 최근 실리콘밸리에서 가장 주목받는 경영자 중 하나다. 그는 UCLA 컴퓨터공학과를 중퇴하고, 운송이란 개념에 인터넷 기술을 결합해 세상에 없는 새로운 운송 서비스를 만들어냈다. 바로 스마트폰 앱으로 승객과 차량을 이어주는 서비스 '우버'다. 그리고 핵물리학자, 통계학자 등 기술 전문가들을 동원해 고도로 정밀한 운송 서비스로 진화시켰다. 공유 경제 플랫폼이란 말은 시장경제학자들이 붙인 말일 뿐, 사실 트래비스 캘러닉은 매력적인 기술 자본을 창조해낸 것이다.

그의 역량은 얼마나 증폭됐을까? 그는 2009년에 창업하고 5년 만에 우버를 기업 가치 500억 달러, 우리 돈으로 60조 원이 넘는 글로벌 기업으로 성장시켰다. 택시 20대를 보유한 일반 운송 회사의 연간 매출이 10억 원을 조금 넘는 것과 비교하면 어마어마한 차이다. 물론 트래비스 캘러닉은 사내 성추행, 성차별 파문 때문에 CEO 자리에서 물러났고, 우버도 일부 국가에서 법적 갈등을 풀지 못해 고전하는 중이다. 하지만 이러한 악재에도 불구하고 우버 이용자는 기하급수적으로 늘어나고 있다.

트래비스 캘러닉은 우버 비즈니스의 성공으로 개인 재산이 53억 달러로 늘어 억만장자 대열에 합류했다. 그가 처음 임원으로 고용한 라이언 그레이브스Ryan Graves 또한 재산이 15억 달러로 늘었다. 반면 역량을 증폭시키지 못한 택시업계의 수많은 운전사는 일자리를 잃고 있다. 그리고 이는 미래에 전방위적으로 일어날 거듭제곱 법칙을 보여주는 작은 단면일 뿐이다.

일자리가 사라진다

미래학자 토머스 프레이는 "2030년까지 일자리가 20억 개 이상 사라질 것"이라고 했다. 새로운 기술이 등장하면 기존의 기술과 관련된 직종이 축소되거나 사라진다는 것이다. 철강 산업의 경우, 수요는 2024년에 정점에 이를 것으로 전망되지만 이 업종에 종사하는 사람이 가장 많았던 시기는 1980년대다. 지금은 종사자 수가 그때의 3분의 1정도로 줄었는데도 생산량은 훨씬 많다.

기술은 인간의 일자리를 얼마든지 빼앗아 갈 것이다. 사람들은 이렇게 일자리가 사라지는 상황을 두려워하고, 막연한 공포에 사로잡혀 있다. 일자리가 사라지는 근본적인 이유는 무엇일까? 바로 기술이 발전하면서 생산 역량이 증폭되기 때문이다. 신기술은 적은 비용으로 많은 일을 해낸다. 그 결과, 해당 영역에서 일하던 사람들은 상대적으로 고비용으로 인식된다. 기술이 많은 일들을 쉽게 처리하게 되면서 해당 분야 기술자의 일자리를 위협하는 것이다.

그런데 사람들은 일자리가 사라지는 것에만 신경 쓰고, 기술적 역량의 증폭으로 혜택을 입는 부류에는 큰 관심을 가지지 않는 것 같다. 지금은 자신이 하고 있는 일이 사라지지 않을까 두려워할 것이 아니라 새로 생기는 기회를 봐야 한다. 기술의 놀라운 힘을 어떻게 자신의 능력으로 삼을지 고민해야 할 시점이다.

맥킨지글로벌연구소McKinsey Global Institute는 2020년까지 전 세계적으로 고급 기술 근로자 4,000만 명과 중급 기술 근로자 4,500만 명이 부족해지는 반면 비숙련 노동자 9,500만 명이 남아돌 것이라고 예측했다.

또한 2055년에는 사람이 하던 업무의 절반 가까이를 로봇과 기계가 빼앗아 가겠지만, 그 대신 로봇의 생산성을 높이는 역할이 새로이 주목을 받을 것이라고 전망했다. 기술을 잘 알고, 로봇과 상호 보완할 줄 알고, 개인과 기업의 역량을 증폭시키는 데 기여하는 인재가 절실해질 것이란 의미다.

리처드 서스킨드Richard Susskind는《4차 산업혁명 시대 전문직의 미래 The Future of the Professions》라는 책에서 "첨단 기술은 다양한 직업의 영역을 자동화 내지는 인공지능화시킬 것"이라고 말했다. 그렇기 때문에 의사, 변호사, 세무사, 건축가 등 전문직 종사자들이 하던 일들을 기술이 대체할 것이며, 전문직의 상당수가 자연도태될 것이라고 예측했다.

또한 앞으로는 대량의 데이터를 모으고 분석하기 위한 새로운 도구와 기술이 생존에 반드시 필요한 능력이 될 것이라고 했다. 그리하여 방대한 데이터에서 통찰을 끌어낼 수 있는 사람, 기술을 자신의 업종에 맞추어 변형 관리할 수 있는 사람이 각광을 받을 것이라고 주장했다.

이는 비단 전문직에 국한되지 않고, 4차 산업혁명이 파고드는 모든 영역에서 동일하게 적용될 것이다. 지금은 MS워드, 엑셀, 파워포인트를 다룰 줄 모르는 사람은 직종이나 직급에 상관없이 일을 할 수 없다. 이런 것들을 다루지 못하면 이상하게 여겨질 정도다. 그러나 1990년대만 해도 이런 프로그램을 다루는 것은 새로운 도전의 영역이었고, 업무를 위한 필수 요건도 아니었다. 바로 이점을 주지해야 한다. 앞으로는 우리가 필수 요건이라 생각하지 않는 기술들, 예를 들어 데이터베이스 소프트웨어, 빅데이터 분석 프로그램, 인공지능 시스템 등이 기본 생존 요건이 될 수도 있다.

한편 토머스 프레이는 2030년쯤 되면 한 사람이 평생 직업을 8~10개 정도 가지게 될 것이라고 했다. 따라서 앞으로 다가올 미래에는 사람들이 다양한 기술을 선택적으로 흡수하고, 다양한 직업을 가지게 될 것이다. 이런 환경에서는 새로운 시대에 필요한 기술을 빨리 습득할수록 쉽게 직업을 구할 수 있다.

결과적으로 매우 재빠르고agile, 변화에 유연하고flexible, 무엇보다 앞으로 무엇이 필요한지를 아는 사람만이 살아남을 수 있다. 미래의 경영자들은 이런 조건에 맞는 적은 수의 직원만 고용하고 싶어 할 것이다.

승자 독식 세계의 주인은
누가 될 것인가

앞서 이야기한 내용을 정리해보자. 미래에 일어날 변화의 규모는 인류 역사상 가장 크고 광범위할 것이다. 우리의 상식을 깨는 일들이 점점 늘어날 것이다. 그리고 이 변화의 핵심에 역량의 증폭이 있다. 기술이 기하급수적으로 발전하고, 인간의 역량 또한 놀라울 정도로 향상될 것이다. 역량이 증폭된 자는 인간의 한계를 극복하고, 과거에는 상상도 못한 엄청난 가치를 생산해낼 수 있다.

문제는 똑똑한 소수만이 이런 혜택을 누린다는 데 있다. 기술로 역량을 증폭시킨 소수는 시간이 갈수록 나머지와의 격차를 더 벌리고, 결국 전체를 지배하는 승자 독식을 완성할 것이다.

그렇다면 과연 전체를 지배할 소수는 누구인가? 기술이 인간의 삶과 산업과 사회를 전반적으로 바꾸는 대격변의 시기에 승리의 트로피는 누구에게 돌아갈까?

답은 간단하다. 세상을 변화시킬 기술들을 자기 것으로 만들고, 자신의 역량을 기하급수적으로 증폭시킬 줄 아는 자, 다시 말해 기술지능이 뛰어난 자다.

기술지능이란 기술로 역량을 증폭시킬 줄 아는 능력이다. 기술 속에 숨겨진 가치를 감지해내고, 기술이 자신에게 어떤 의미인지 해석하고, 기술의 힘을 자신의 역량으로 흡수해 이를 탁월하게 활용해내는 능력이다.

이 기술지능을 설명하기에 가장 적절한 인물이 바로 일론 머스크다. 일론 머스크의 삶을 살펴보면 기술지능에 필요한 요소를 거의 모두 발견할 수 있다.

일론 머스크는 어릴 때부터 기술적 감각이 뛰어났다. 열 살 때 IBM에서 적성검사를 받았는데, 컴퓨터 프로그래밍 분야에서 사상 최고점을 기록했다. 실력이 컴퓨터 교사보다 월등히 뛰어났다. 열두 살 때는 '블라스타Blastar'라는 컴퓨터용 우주 전투 게임을 개발해 직접 게임방을 차리려 했다. 실제로 건물도 임대하고, 비디오 장비까지 갖췄다. 마지막으로 정부의 사업 승인을 받으려고 부모에게 도움을 청했다가 반대에 부딪혀 좌절됐지만 말이다. 열두 살 때 이미 기술 구현을 넘어 지역 시장을 창출하는 능력까지 갖췄던 것이다.

그는 스탠퍼드대학 박사 과정에 입학해 "무엇이 인류의 미래에 가장 큰 영향을 끼칠까?"라는 질문을 스스로에게 던졌고, 다섯 가지 기술을 추려냈다. 바로 인터넷, 지속 가능한 에너지, 우주탐사, 인공지능, 인간 유전 코드였다. 현재 일론 머스크가 추진하는 거대한 사업에 대한 구상이 상당 부분 이때 이루어졌다는 것을 알 수 있다.

1995년에는 집투Zip2라는 회사를 세워, 기업 전화번호부를 사들인 다음 직접 만든 온라인 출판 소프트웨어와 접목해 최초의 온라인 도시 정보 서비스를 만들었다. 두꺼운 전화번호부를 간편한 소프트웨어로 만들어 전화번호부 시장의 패러다임을 바꿔버린 것이다. 1999년, 컴팩Compaq의 자회사였던 알타비스타Altavista에 현금 3억 7,000만 달러와 스톡옵션 3,400만 달러를 받고 매각해, 스물여덟 살에 실리콘밸리의 백만장자로 등극했다.

일론 머스크는 이 돈으로 온라인 현금 거래를 할 수 있게 해주는 소프트웨어 회사 엑스닷컴X.com을 차렸다. 이후 경쟁사 컨피니티Confinity를 인수해 지금의 페이팔PayPal을 세웠다. 그는 개인 간 현금 거래를 원활하게 도와주는 방식의 잠재성을 감지했고, 나아가 이것이 금융 산업의 지형을 바꾸리라 직감했다. 2002년, 페이팔을 이베이eBay에 15억 달러에 매각하면서, 당시 서른 살이었던 그는 1억 8,000만 달러를 손에 쥐었다.

일론 머스크는 여기에 만족하지 않고 또 다른 도전들로 세상을 놀라게 했다.

첫 번째는 스페이스엑스SpaceX다. 2002년에 1억 달러를 들여 이 회사를 세운 이유는 100만 명을 화성으로 이주시켜 인류가 여러 행성에서 살 수 있도록 하기 위해서였다.

미국우주항공국NASA이 주도해온 우주 비행 기술 개발은 50년 동안 거의 정체 상태였다. 그런데 일론 머스크가 그동안 시도해보지 않은 전혀 새로운 아이디어로 기술 수준을 끌어올리는 데 기여하고 있다.

두 번째는 전기차 회사인 테슬라다. 지속 가능한 에너지로 미래 인류의 운송 환경을 한 단계 도약시킨다는 대담한 목적 아래 전기에너지, 인터넷 기술, 자동차 제조 기술 등 다양한 영역의 아이디어들을 결합시켰다.

세 번째는 솔라시티SolarCity다. 이 태양광 회사는 화석연료에 의존하는 전기 생산을 줄이고, 지속 가능한 에너지의 대중화를 앞당기기 위해 2006년에 만들어졌다.

물론 아이디어를 실현시키는 과정에서 우여곡절도 있었지만, 일론 머스크는 세 분야에서 모두 엄청나게 도약했다.

스페이스엑스는 한 번에 100명을 화성에 보낼 수 있는 우주선 프로젝트를 시작했으며, 기업 가치는 2017년 7월 기준 210억 달러로 평가받고 있다. 테슬라는 2017년 2분기에 509억 달러를 돌파하며, 미국 내 1위 기업인 GM을 제치고 미국 최고 자동차 기업으로 올라섰다. 테슬라 모델3는 공개 일주일 만에 전 세계에서 32만 대가 넘는 예약 주문을 받았다. 140억 달러 규모다. 솔라시티는 2012년에 상장됐고, 현재 미국에서 가장 큰 태양열 패널 설치 회사다.

일론 머스크는 세상의 흐름을 읽는 눈이 탁월했다. 앞으로 20년 안에 무슨 일이 일어날지, 그것이 자신과 인류에게 어떤 의미일지 기가 막히게 해석했다. 아직 세상에 나오지도 않은 개념화 단계의 기술을 완벽하게 자기 것으로 흡수하고, 이를 매력적인 제품으로 구현해내는 능력도 뛰어났다. 또한 다양한 기술들을 결합해 전혀 새로운 개념의 아이디어를 탄생시켰다. 한마디로 과거에는 생각하지 못했던 역량의 증폭을 미래 기술을 활용해 실현시켰다. 최고의 기술지능이 있었기에 가능한 일이었다.

잘 알다시피 일론 머스크는 영화 〈아이언맨〉의 실제 모델이다. 아이언맨이 첨단 기술로 자신의 능력을 배가시켰듯 일론 머스크는 미래 기술들을 활용해 누구도 이루지 못한 역량의 증폭을 실현시켰다. 단지 자신의 역량을 높이는 데 그치지 않고, 기업 그리고 나아가 업계와 사회 전체가 새로운 역량의 전기를 맞이할 수 있도록 안내했다. 미래에는 일론 머스크처럼 기술지능이 뛰어난 사람들이 시대를 이끌 것이다.

나는 2012년부터 2016년까지 글로벌 제조 기업을 이끄는 최고 경영진 2,000명의 개인적 특성이 혁신적인 성과를 창출하는 능력과 어떤 관계가 있는지를 연구했다. 이 연구 대상에는 GE, 3M, P&G, 애플 등 세계적으로 정상에 있는 기업뿐 아니라, 일반화된 결과를 얻을 수 있도록 진로직Gene Logic, 란덱Landec, 캘리퍼Caliper Life Sciences처럼 잘 알려지지 않은 중소기업도 포함되어 있다.

기업 내 의사 결정권이 있는 부사장 이상 경영자들의 지식 수준, 지적 소양, 의사 결정 특성을 전수 조사했다. 그리고 이들의 의사 결정 메커니즘이 특허 창출과 같은 혁신 성과에 어떤 영향을 미치는지 분석했다. 특히 4차 산업혁명의 특징이라 할 수 있는 급진적 혁신radical innovation 성과에 미치는 경영자의 특성을 집중적으로 연구했다. 그리고 그 과정에서 매우 흥미로운 점을 발견했다.

뛰어난 혁신 성과를 창출하는 경영자는 다섯 가지 영역에서 나머지 대부분과 뚜렷한 차이를 보였다. 재미있게도 이는 일론 머스크에게 나타난 가장 두드러지는 특징이기도 했다.

- 감지의 영역Identification
- 해석의 영역Interpretation
- 내재화 영역Internalization
- 융합의 영역Integration
- 증폭의 영역Inflexion

기술지능은 바로 이 다섯 가지 영역, 5I으로 이루어진다. 각각을 간단히 설명하자면 다음과 같다.

감지Identification는 미래 기술이 가져올 기회를 포착해내는 능력이다. 수많은 기술과 지식 속에 숨겨진 기회를 간파해내는 통찰력이다.

해석Interpretation은 기술의 잠재성을 이해하는 능력이다. 기회를 감지하는 것 못지않게 중요한 능력이 바로 이 능력일 것이다. 기회가 자신에게 어떤 의미인지 해석해내는 능력은 아무리 강조해도 모자람이 없다. 아무리 좋은 기술이 눈앞에 있다 한들 그것이 자신과 어떤 관련이 있는지, 또 어떻게 활용할지에 대한 가능성을 해석해내지 못한다면 아무 소용이 없다. 이렇게 미래에는 해석의 경쟁이 펼쳐질 것이다. 똑같은 기술을 보더라도 범상치 않은 해석을 해내는 자에게 엄청난 기회가 주어질 능력이다.

내재화Internalization는 탁월한 기술의 힘을 자신의 역량으로 습득하는 능력이다.

융합Integration은 말 그대로 다양한 기술적 아이디어를 결합하는 능력이다. 특정 제품을 고도화시키려면 인공지능, 로봇 등 다양한 기술을 하나로 융합해야 한다. 미래 시장에서는 수많은 기술들을 성공적으로 융합해내는 능력이 곧 실력이 될 것이다.

증폭Inflexion은 기술을 이용해 자신의 역량을 향상시키고, 시장과 사회에 미치는 영향력을 높이는 능력이다.

토머스 프레이는 비즈니스가 점점 더 복잡해질 것이며 경영자에게 필요한 능력도 지금과 다를 것이라고 예측하며 다음과 같이 말했다.

경영자 대부분이 의사 결정을 돕는 인공지능 비서를 둘 것입니다. 그때가 되면 각자의 상황에 맞춰 인공지능 기술을 적용해 효과를 극대화해내는 능력이 가장 중요해집니다. 여러 우선순위 중 다음에 뭘 할지 잘 결정하고, 시장 상황 변화를 읽고 과거보다 진보한 제품 서비스 전략을 창출해내는 능력이 중요해집니다.

토머스 프레이는 모든 경영자가 어느 수준까지는 기술에 대한 전문가가 돼야 한다고 강조했다. 미래의 경영자는 공학이나 기술을 전문적으로 배웠든 아니든 기술을 충분히 이해해야 기업을 살아남게 할 수 있다.

앞으로는 기술과 관련 없는 비즈니스는 없을 것이다. 심지어 농업이나 제지 등 단순한 로테크lowtech 비즈니스도 최첨단 기술로 경쟁력을 높이는 상황이다. 회계 시스템도 자동화되고, 제조 방식도 기술에 의해 진보하고 있다.

앞으로 어떤 기술이 등장할지, 새로운 기술이 무엇을 없애고 또 만들지, 자신의 생활과 비즈니스에 어떤 영향을 미칠지, 데이터를 어떻게 수집하고 기술을 어떻게 활용해 자신의 역량을 증폭시킬지 이해하는 것, 즉 기술지능은 경영자가 갖춰야 할 중요한 능력이다.

앞으로 기술지능의 각 영역을 상세히 살펴볼 텐데, 한 가지 주의점이 있다. 각 영역을 개별적으로 이해해서는 안 된다. 다섯 가지 영역은 톱니바퀴처럼 맞물려 돌아가며 상호 보완적 관계이기 때문에 종합적인 관점으로 기술지능의 각 요소를 이해하는 것이 바람직하다. 기술지능은 종합적인 감각임을 명심해야 한다.

자, 그럼 지금부터 차근차근 살펴보자.

Technology Quotient

다빈치가 집요하게
추구한 한 가지

레오나르도 다빈치Leonardo da Vinci는 〈모나리자Mona Lisa〉, 〈최후의 만찬 Il Cenacolo〉 등으로 미술사에 큰 획을 그으며 르네상스 시대를 대표하는 예술가로 자리매김했다. 15세기 르네상스 미술은 그의 손에서 완성됐 다고 평가될 정도다.

그런데 다빈치가 재능을 발휘한 분야는 미술뿐만이 아니다. 그는 헬 리콥터, 낙하산, 도랑 청소에 쓰이는 기중기, 장갑차, 잠수함 등 많은 기계를 고안했다. 그 수준을 보면 하나같이 걸작이고, 그 양을 보면 누 구도 따라올 수 없는 다작이다. 다빈치가 지금 시대에 태어나 어딘가 에 스카우트됐다면 '신제품 개발의 대가'로 명성을 떨치지 않았을까?

그런데 레오나르도 다빈치는 어떻게 그 모든 것을 창조할 수 있었을 까? 그의 일기에 반복적으로 나타나는 표현에서 힌트를 찾아봤다.

눈은 자연이라는 완전무결한 작품을 가장 온전하고 충분히 감상하는 주 요 수단이며, 모든 이해는 눈으로부터 이루어진다.

다빈치는 '보는 것'이 가장 중요한 창작 과정임을 여러 번 강조했다. 참신한 아이디어는 관찰에서 비롯한다고 했다. 실제로 그는 집요하게 관찰했다. '인체를 아름답게 표현하려면 어떻게 해야 할지'에 대한 해답을 찾기 위해 죽은 사람을 해부하기까지 했다. 안구를 적출해 눈꺼풀 안쪽을 관찰하는가 하면 죽은 임신부의 배를 가른 적도 있다.

인간의 신체 부위를 완전하게 보려면 여러 각도로 봐야 한다. 아래에서, 위에서, 양 측면에서, 또 뒤집어서 각 기관의 본래 형태를 봐야 한다. 사람들은 내 그림을 통해 인체의 각 부위를 보게 될 것이다.

아무리 관찰이 창작에서 중요한 과정이라지만, 이토록 집요할 필요가 있었을까?

다빈치는 눈에 보이는 현상만 봐서는 본질을 온전히 이해할 수 없다고 생각했다. 표면에 감추어진 또 다른 규칙과 흐름을 볼 수 있어야 대상의 진정한 모습을 이해할 수 있다고 생각했다. 본질을 통찰하기 위해 그토록 집요하게 노력했던 것이다.

이렇게 숨겨진 본질을 통찰하는 능력은 4차 산업혁명 시대에 더욱 중요해진다. 물살만 바라봐서는 강의 흐름을 정확히 알 수 없다. 그 속에서 흐르는 강의 본줄기를 이해해야 강이 어디로 흐르는지 알 수 있다. 마찬가지로 산업이 구조적으로 급변하는 상황에서도 그 속에 숨은 흐름과 기회를 감지할 수 있어야 한다. 그래야 남들보다 먼저 기회를 잡고, 우위를 차지할 수 있다.

오늘날 거대한 시장을 이룬 비즈니스의 시작점을 살펴보자. 모든 비즈니스에는 탁월한 통찰력으로 시대의 흐름을 그 누구보다 먼저 읽어낸 창업자가 있었다.

21세기 최대 부호이자, 지난 50년간 가장 강력한 시장 장악력을 보여준 빌 게이츠Bill Gates는 1970년대에 일찌감치 PC의 대중화를 예견했다. 그리고 그것이 소프트웨어 시장의 확대로 이어진다는 점을 간파했다. 그는 모든 가정이 마이크로소프트Microsoft의 소프트웨어가 깔린 PC를 들여놓게 하겠다는 비전을 품고 1975년에 마이크로소프트를 창업했다. 지금은 너무나 당연한 일이지만, 당시에는 누구도 PC를 집에 두지 않았다. 컴퓨터에 주목하는 기업은 거의 없었고, 빌 게이츠의 비전은 아주 허황된 꿈처럼 들렸다. 하지만 빌 게이츠는 기술에서 미래를 봤고, 자신의 비전을 토대로 기업을 일으켰다. 그리고 25년 동안 거대한 시장을 만들어나갔다.

스티브 잡스Steve Jobs는 본격적으로 스마트폰 시장의 문을 열었다. 그는 휴대성과 연결성이 높은 새로운 디지털 모바일 기기의 출현과 성장을 포착했다. 그리고 결국에는 PC가 사람들의 손안으로 옮겨질 것이라고 간파했다. 당시 대중은 그런 종류의 기기를 이해하지 못했고, 필요성도 느끼지 못하고 있었는데 말이다.

그는 먼저 아이팟iPod이라는 디지털 기기를 만들었다. 아이팟은 아이폰으로 진화했고, 그 결과 음악이나 영화 감상, 카메라, 명함 관리, 사진 편집 등 PC에서 하던 수많은 일들이 스마트폰으로 옮겨 갔다. 아이폰이 큰 인기를 얻으면서 스마트폰시장이 전 세계 사람들의 삶 한가운

데 자리 잡았고, 스마트폰 시장은 빠르게 거대해졌다.

그런데 스마트폰 시장이 앞으로도 영원히 좋을까?

토머스 프레이는 머지않아 스마트폰이 일제히 사라질 것이라고 예언했다. 미래의 가장 중요한 기술은 보이지 않는 종류라는 것이다. 지금껏 가져본 적 없는 종류의 디바이스로 인해 커뮤니케이션 방식이 180도 바뀔 것이다. 앞으로 우리는 손에 무언가를 들 필요마저 없어질 것이다.

따라서 정보를 어떤 디스플레이로 보여줄지가 중요한 과제가 될 것이다. 보이지 않는 정보를 내 눈에는 보이도록 만드는 기술이 매우 중요해진다. 지금 바라보고 있는 상대의 이름이 뭔지, 나와 만난 적이 있는지, 몇 살이고 가족 구성은 어떤지 보여주는 기술이 매우 중요해진다. 이렇게 정보를 시각화하는 기술은 엄청난 사회적 변화를 끌어낼 것이다. 애플은 이와 관련된 미래의 디스플레이를 매우 진지하게 연구하고 있다.

구글을 이끌었던 에릭 슈미트는 어떨까? 2007년, 그가 한국을 찾았다. 당시 구글은 유튜브Youtube, 구글어스Google Earth 등과 같은 서비스를 갓 시작한 상황이었다. 그리고 한국은 브로드밴드가 포화 상태일 정도로 많이 보급돼 있어, 네트워크 비즈니스를 시험하기에 적합한 시장이었다. 에릭 슈미트는 사업을 본격적으로 추진하기에 앞서 시장 상황을 살피기 위해 중요한 테스트베드인 한국을 찾은 것이었다. 방문 기간 중 그는 SERICEO 조찬 세미나에서 경영자들에게 구글의 사업 방향을 설명하며 흥미로운 개념을 소개했다. 지금이야 익숙하지만, 당시에는 매우 생소한 '클라우드'라는 개념이었다.

한국은 브로드밴드가 잘 구축돼 있습니다만, 이런 네트워크 환경의 잠재
성을 좀 더 잘 알 필요가 있습니다. 예를 들어 컴퓨터가 바닥에 떨어졌다
고 해봅시다. 데이터를 모두 잃겠죠. 그런데 데이터가 네트워크에 저장돼
있다면 어떨까요? 기기를 통해 언제 어디서나 데이터를 이용할 수 있습
니다. 데이터를 잃을 염려도 없고요. 앞으로는 이 클라우드 컴퓨팅 기반
이 IT 시장을 지배할 것입니다.

이때까지만 해도 개인이 활용할 수 있는 컴퓨팅 능력은 소유하고 있
는 PC에 국한됐다. 예를 들어 영화를 PC에 내려받는다고 해보자. PC
저장 용량이 10기가바이트라면 영화도 10기가바이트만큼만 내려받
을 수 있다. 용량을 초과했다면 새로운 영화를 보기 위해 다른 영화를
지워야 한다.

그런데 클라우드 기술을 이용하면 PC 저장 용량을 신경 쓸 필요가
없다. 게다가 자신의 PC뿐 아니라 클라우드 서버에 접속할 수 있는 모
든 PC에서 영화를 볼 수 있다. 용량의 한계, 접속 공간의 한계를 초월
한 것이다.

모두들 인터넷 공간에 데이터를 저장한다는 사실 자체를 상상하지
못할 때 에릭 슈미트는 일찌감치 클라우드 컴퓨팅 관련 비즈니스의 잠
재성을 간파했다. 더불어 향후 휴대폰 인구가 급속히 늘어날 것이며,
모바일과 클라우드 서비스의 결합이 많은 시너지를 창출하리라 예견

했다. 그 결과, 구글이 제공하는 서비스의 범위가 무한대로 확장될 수 있었다.

그동안 구글이 만들어온 중대한 기회들은 대부분 보이지 않는 흐름을 읽어낸 데서 시작되었다. 유튜브는 사실 구글이 잠재적 경쟁자로 생각하던 회사였다. 누구나 영상을 만들고 올릴 수 있는 장으로 시작한 유튜브는 짧은 시간에 영상 분야의 막강한 검색엔진으로 성장하고 있었기 때문이다.

2006년 12월에는 유튜브에 올라오는 동영상이 하루에 6만 5,000개에 달했고, 구글은 유튜브의 성장을 더는 가만히 지켜볼 수 없게 되었다. 결국 구글은 주식 교환을 통해 유튜브를 16억 5,000만 달러에 인수했다. 그렇게 유튜브는 구글의 최대 캐시플로cash flow 중 하나가 되었다.

2006년, 에릭 슈미트는 구글이 경쟁력을 유지하려면 휴대폰 시장에 진입할 필요가 있다는 사실을 깨닫고 대중에게 휴대폰 시장 진입을 발표했다. 사실 그보다 1년 전인 2005년 구글은 조용히 한 신생 기업을 사들였다. 바로 휴대폰 소프트웨어 개발 기업인 안드로이드Android다. 구글은 이제 휴대폰이 컴퓨터보다 더 많은 세상이 올 것이라는 시대적 흐름을 읽었다. 앞으로 사람들이 검색할 때 휴대폰을 쓰는 경우가 점점 많아질 것이므로 구글도 이러한 흐름을 읽고 시장을 선점해야 한다는 것을 깨달은 것이다.

에릭 슈미트의 천리안은 정확히 맞아떨어졌다. 휴대폰으로 모든 것을 검색하는 시대는 빠르게 찾아왔다. 검색의 중심이 점점 PC에서 휴대폰 중심으로 바뀌었고, 2007년 애플이 아이폰IPhone으로 대성공을 거두면서 애플과 구글 사이에 경쟁 구도가 형성되기 시작했다.

참고로 2000년경 한창 성장 가도를 달리던 구글은 투자자들의 압력으로 유능한 CEO를 찾아야 하는 상황을 맞았다. 이때 CEO 후보로 검토된 인물 중 하나가 스티브 잡스다. 잡스는 당시부터 IT업계에서 신적인 존재였고, 자연스럽게 구글의 창업자들은 잡스를 만났다. 결론적으로 투자자들은 스티브 잡스 대신 에릭 슈미트를 CEO로 결정했다. 2001년 말, 에릭 슈미트는 구글 CEO로 취임했다.

구글의 CEO와 애플의 CEO는 어쩌면 바뀌었을 수도 있다. 스티브 잡스와 에릭 슈미트는 서로에게 최고의 라이벌이었다. 그들의 통찰력은 업계 판도를 뒤엎었으며, 기술 발전에 큰 영향을 주었다. 결국 오늘날의 구글과 애플의 경쟁 구도는 통찰력의 대결이라 해도 과언이 아니다.

꼭 이렇게 거창한 일에만 통찰력이 필요한 것은 아니다. 평범한 일터에서도 숨은 기회를 감지해내 경쟁력을 끌어올릴 수 있다. 제록스Xerox는 원래 복사기를 잘 만들어서 많이 파는 일반적인 비즈니스 모델을 고수하고 있었다. 제로그래피xerography 같은 뛰어난 복사 기술을 도입해 훌륭한 복사기를 만드는 데 초점을 맞췄고, 시장 평가도 훌륭했다.

그런데 어느 날, 제록스의 한 영업 사원이 고객들과 상담하던 중에 회사가 놓치고 있었던 중대한 기회를 발견했다. 바로 회사마다 복사기를 사용하는 정도가 제각각이라는 사실이었다. 복사를 조금밖에 하지 않는 기업은 "이렇게까지 비싼 복사기를 사야 했나?" 하고 불만스럽게 여기는 반면 복사를 많이 하는 기업은 기계 덕을 톡톡히 봤다. 영업 사원은 "복사를 이렇게 많이 하는 기업에게는 더 많은 수익을 거둘 수 있지 않을까? 복사기라는 제품 하나를 파는 것으로 끝내기에는 뭔가 좀 아쉽다"고 생각했다. 즉 단순히 '제품'을 판매하는 것 이상의 영역이 있다는 것을 감지했다. 복사기가 아닌 복사 서비스라는 새로운 기회를 포착한 것이다.

그 결과, 복사기를 대여해주고 사용한 만큼만 돈을 받아, 복사를 많이 하는 회사든 적게 하는 회사든 만족시킨다는 아이디어를 생각해냈다. 그렇게 해서 탄생한 '제록스914'는 엄청난 성공을 거뒀고, 오늘날의 제록스를 만드는 데 크게 기여했다.

숨은 기회를 감지해내는 능력은 새로운 역사를 쓰는 실마리가 된다. 거대한 시장을 창조할 수도 있고, 자신과 회사의 경쟁력을 획기적으로 키우는 원동력이 될 수도 있다. 모두가 눈에 보이는 현상에만 집착할 때 그 이면의 보이지 않는 기회를 찾아내는 소수가 세상을 바꾸는 주인공이 될 것이다.

격변기에는
통찰력이 필요하다

대체로는 변화와 혁신이 점진적incremental으로 일어나는 데 반해 4차 산업혁명 시대에는 급진적radical인 기술 변화가 광범위하게 나타날 것이다.

급진적 변화와 점진적 변화의 차이는 쉽게 말하면 어떤 경로 혹은 카테고리에 변화가 일어났느냐다. 예를 들어 삼성전자가 새로운 갤럭시Galaxy 시리즈를 선보였다고 하자. 스마트폰이라는 카테고리에서 성능을 업그레이드시켰으니 점진적 변화다. 삐삐에서 휴대폰으로, 또다시 인터넷 검색을 비롯해 여러 가지를 할 수 있는 스마트폰으로 카테고리 자체가 바뀌는 것은 급진적 변화다.

4차 산업혁명 시대에는 모든 산업 영역에서 이렇게 급진적 변화가 일어나리라 예상된다. 급진적 변화가 일어나는 시기에는 점진적 변화가 일어나는 시기와는 다른 종류의 통찰력이 필요하다. 점진적 변화가 고객의 숨은 니즈가 원동력인 시장 성향market pull을 띠는 데 반해 급진적 변화는 기술적 지식을 가진 전문가가 주도하는 기술 성향technology push을 띤다.

결과적으로 급진적 변화가 일어나는 4차 산업혁명 시대에는 시장에서 기회를 감지하기가 어렵다. 왜냐하면 소비자는 새로운 기술이 자신에게 뭘 가져다줄지 모르기 때문이다. 인공지능이 중요한 미래 기술이라는 것에는 모두가 동의하지만, 정작 이 기술의 핵심 개념인 딥러닝 알고리즘이 우리 삶을 어떻게 바꿀지는 명확하게 이해하지 못한다. 인공지능뿐 아니라 자율주행차, 가상현실 등 새로운 기술이 어떤 가치를 만들지 소비자는 아직 알지 못한다. 마케팅 부서가 소비자들을 대상으로 설문 조사, 포커스그룹 인터뷰 등을 아무리 해도 필요한 답을 얻어낼 수가 없다.

스티브 잡스가 이런 말을 한 적이 있다.

헨리 포드Henry Ford가 당시 사람들에게 어떤 교통수단을 원하는지 물었다면 더 빠른 말이라는 대답이 돌아왔을 것입니다.

당시 사람들은 자동차가 뭔지 몰랐으니 당연하다.

스티브 잡스는 단지 1시간 분량이 아닌 이 세상 모든 음악을 주머니 속 기기에 집어넣을 수 있는 가능성을 통찰했다. 그리고 아이튠즈iTunes라는 온라인 플랫폼과 아이팟을 만들어 연동시켰다. 사람들이 기대하지도 않았는데 그런 파괴적인 제품을 내놓을 수 있었던 비결은 클라우드 기술, 온라인과 오프라인 기기의 동기화 기술 등과 같은 지식을 바탕으로 기술적 가능성을 통찰했기 때문이다. 기술이 뭘 할 수 있는지 알았기에 보통 사람들은 필요하다고 느끼지 못했던 니즈를 먼저 제안할 수 있었던 것이다.

나도 아이팟을 처음 접했을 때 크기도 작고 버튼도 잘 보이지 않아 "MP3를 왜 이렇게 대충 만들었지?" 하고 궁금해했다. 그런데 몇 번 써보니 굉장히 매력적인 물건이었다. 원하는 음악을 간편하게 담아 언제 어디서든 들을 수 있게 해줬다. 음악을 고를 때 엄지손가락에 느껴지는 감촉이 좋았고, 플라이휠 덕분에 원하는 음악을 매우 빠르게 찾을 수 있었다. 또 단순하면서도 예쁜 디자인을 보고 있으면 산뜻한 기분까지 들었다. 내가 이런 MP3를 좋아한다는 것을 아이팟을 써본 뒤에야 깨달았다.

스티브 잡스는 "소비자는 자신이 뭘 원하는지 모른다"며 그들이 뭘 원하는지 알게 해줄 제품을 만들어야 한다고 했다. 다시 말해 기술적 지식을 기반으로 소비자 스스로도 모르는 니즈를 감지해낼 수 있어야 한다는 것이다. 새로운 기술이 산업과 사회를 전방위적으로 바꾸는 4차 산업혁명 시대에는 이 능력이 더없이 중요하다.

2017년 구글의 수석 디자이너 제이크 냅Jake Knapp이 한국에 왔을 때 함께 점심 식사를 한 적이 있다. 이때 나는 구글의 문화가 일반적인 기업의 문화와 어떻게 다른지 물었다. 그는 마이크로소프트나 여러 스타트업에서 일한 적이 있기 때문에 그들 회사와 구글의 차이점을 가장 잘 알려줄 수 있을 것 같았다.

구글의 가장 뚜렷한 특징은 기술을 강조하는 문화입니다. 기술은 구글의 생명입니다. 실제로 직원의 대부분이 엔지니어이고 임원 중에도 기술 전문가가 많습니다. 구글은 늘 기술을 생각하고, 기술의 관점에서 바라보고, 그 한계를 넓히기 위해 고민합니다.

구글은 좋은 아이디어의 정의부터가 다르다. 제이크 냅이 말하기를 구글에서는 엔지니어의 관점에서 흥미로워 보이면 좋은 아이디어라고 생각할 때가 많다고 한다. 구글 내부에서도 그런 접근이 장기적으로 도움이 됐다고 평가한다고 한다.

"우리 기술로 만들 수 있는, 아무도 시도해보지 못한 새로운 기능이 뭘까?"

"그 기능을 만들었을 때 사람들에게 어떻게 소개할까?"

구글은 이런 질문을 던져 새로운 기술적인 기회를 포착하고, 그중 뭐가 시장에 통할지를 기가 막히게 알아낸다.

지메일Gmail도 구글 데이터 센터의 남아도는 저장 공간으로 사람들에게 훨씬 더 많은 이메일 저장 공간을 제공해보자는 기술적인 아이디어에서 탄생했다.

그 이후에도 엔지니어들은 끊임없이 기술적 보완 작업을 하고 있다. 예를 들면 이런 식이다. 자동 인공지능 시스템을 개발해 사용자가 어떤 메일을 열어보고 어떤 메일에 답장하는지 파악한 뒤 수신하는 이메일 중 더 중요한 것들을 가려내는 서비스를 제공하자고 한 엔지니어가 제안했다. 말하자면 스팸 메일을 거르는 것과 정반대되는 기능이다. 고도화된 머신러닝 시스템으로 사용자가 지금 가장 관심을 가질 만한 이메일을 눈에 가장 잘 띄게 보여주는 것이다. 기술적인 난이도가 높았지만 엔지니어는 가능하다고 봤고, 공학적인 흥미에 이끌린 사람들이 모여 함께 개발했다. 이 기능은 현재 지메일의 받은편지함 최적화 기능으로 서비스되고 있다. 시장에서 성공한 구글 제품 상당수는 이렇게 기술적 관점에서 탄생했다.

기술이 원하는 것을 이해하라

기술이 변화를 주도하는 4차 산업혁명 시대에는 큰 변화의 물결을 이해하는 것이 가장 중요하다. 즉 변화의 방향을 알아야 한다. 그 방향을 어떻게 감지할 수 있을까? 산업 트렌드 전문지 〈와이어드Wired〉를 창간한 케빈 켈리Kevin Kelly는 2017년 6월, 샌프란시스코에서 만난 나에게 매우 흥미로운 이야기를 해주었다.

일주일 뒤 세상은 지금과 확연히 다릅니다. 기술의 발전 속도, 또 기술에 의해 산업이 발전하는 속도가 매우 빠릅니다. 산업의 발전 방향을 알기 위해 우리가 해야 하는 가장 중요한 일은 바로 기술이 뭘 원하는지 이해하는 것입니다. 기술이 내는 본연의 소리에 귀 기울이는 것입니다. 기술이 어느 방향으로 나아가고 싶어 하는지 보는 것입니다.

어쩌면 매우 당연한 말이다. 고객이 어떤 제품을 살지 알고 싶다면 당연히 그 고객이 뭘 원하는지 알아야 한다. 아이가 뭘 원하는지 알아낸다면 앞으로 무슨 행동을 할지 예측할 수 있다. 마찬가지로 기술도 추구하는 방향이 있을 것이다. 기술이 뭘 원하는지 알아낸다면 기술에 의한 산업과 사회 변화를 보다 쉽게 이해할 수 있다.

그럼 어떻게 하면 기술이 원하는 것을 알 수 있을까? 케빈 켈리는 그 방법에 대해 이렇게 이야기했다.

기술이 나아가고자 하는 방향을 보는 최고의 방법은 바로 기술이 잘못 쓰이는 사례를 보는 것입니다. 어린아이나 청소년, 혹은 범죄자가 기술을 오용하는 예도 마찬가지입니다. 사람들이 규정해놓은 정석대로 말고 가장 자유로운 곳에서 활용되는 예를 보는 것입니다. 이렇게 가장자리에 존재하는 사례들을 보면 기술이 원하는 것을 알 수 있습니다.

한 인간의 본성은 사람들이 많은 곳에서 나타나지 않는다. 보는 사람
이 아무도 없는 공간에서 하는 행동이 바로 그 사람의 본성을 정의한
다. 기술 또한 사회적 시선과 규제의 영향을 받는다. 인간의 규제는 기
술의 사용을 제약하는 틀로 작용할 뿐만 아니라 기술이 어떤 방향으로
발전해나갈지 가늠하는 것조차 방해한다.

이런 제약이 없는 곳에서 어떻게 활용되는지를 보면 기술이 본연적
으로 나아가고 싶은 방향을 알 수 있다. 생명공학 기술이 나아가고자
하는 방향을 알고 싶다면 이 기술이 비공식적으로 사용되는 곳을 찾아
라. 기술 범죄자들이 유전공학 기술로 어떤 신종 바이오 무기를 만드
는지, 제약업계 규제를 피해 어떤 신약을 만드는지를 찾아라.

기술이 원하는 것을 알기 위해서는 오랜 역사 동안 기술이 간직해온
본연의 속성을 이해할 필요도 있다. 가장 중요한 속성은 다양성이다.
케빈 켈리는 기술이 언제나 다양성이 증폭되는 방향으로 나아가고 있
다는 점을 강조했다.

다양성은 우리가 자연에서 흔히 볼 수 있는 발전의 추진력입니다. 한 생
태계가 지탱할 수 있는 종의 수를 계속 증가시킵니다. 기술은 미래에 수
많은 종류의 새로운 기술을 창조할 것입니다. 게다가 모두 상호 의존적일
것입니다.

인공지능이 발전하면서 자동차업계, 가전업계, 의료업계 등 다양한 분야에서 해당 기술로 여러 제품과 서비스를 개발하고 있다. 어떤 문제를 해결하려면 여러 가지 기술이 필요하다. 자율주행차를 만들려면 머신러닝 기술뿐 아니라 도로의 사물인터넷 기반, 차량 자체의 하드웨어적인 센싱 기술 등이 복합적으로 필요하다. 자율주행과 관련해 거론되는 신기술이 지금은 10~20가지 정도이지만, 앞으로는 수천 가지의 새로운 기술들로 늘어날 것이다. 이것이 바로 기술이 원하는 것이다. 앞으로는 이러한 다양성을 유연하게 수용할 수 있는 제품이나 비즈니스 모델이 성공할 것이다. 다양한 기술과 아이디어의 융합이 중요하다고 강조되는 것도 같은 맥락이다.

다양성은 복잡성을 양산한다. 복잡성이 바로 기술이 원하는 또 다른 한 가지다. 기술은 겉모습은 단순하지만 그 안은 복잡하기 그지없다. 흔히 보는 전화기도 뜯어보면 복잡한 통신 기술이 융합돼 있다. 그 정도는 스마트폰으로 진화하면서 더욱 심화됐다. 앞으로 인공지능 기술, 생체 인식 기술 등 여러 기술이 융합되며 복잡성이 더욱 커질 것이다.

자동차도 마찬가지다. 다양한 기술들이 자동차 영역에 결집되다 보니 자동차가 구현해야 할 기능과 시스템이 더욱 복잡해지고 있다. 전기차는 하드웨어만 보면 부품의 상당 부분이 사라져 복잡성이 줄어든 것 같지만, 소프트웨어 면에서는 제어해야 할 가짓수가 크게 늘었다. 도로의 사물인터넷 환경과의 호환, 에너지 제어 장치 등 새로 고려해야 할 변수가 많아졌다. 여기에 자율주행 기술까지 융합되면 복잡성은 말할 수 없이 커질 것이다.

흔히 우리는 조만간 다가올 미래의 삶이 여유롭고 단순할 것이라고 상상한다. 그 원인은 기술이 점점 더 복잡해지면서 우리가 지금껏 해왔던 모든 것들을 대체하고 손쉽게 만들어주기 때문이라는 것을 알아야 한다. 미래의 기술은 오늘날보다 복잡해질 것이다. 따라서 미래에는 복잡성을 제어하는 능력이 중요한 경쟁력이 될 것이다.

기술이 원하는 다른 한 가지는 확장성이다. 다양성과 복잡성이 진행되면 넓이breadth와 깊이depth의 확장으로 이어진다. 기술은 더 많은 영역에서 활용되는 방향으로 개발돼 왔다. 한 분야에서 개발된 기술이 인접 영역에서 다른 형태로 쓰이며 그 활용 범위를 넓혀 갔다. 또한 시간이 지나면서 성능이 고도화된다. 기술의 확장성은 어쩌면 인간의 본성을 지향한다. 다시 말해 인간의 삶을 더욱 편하게 해줄 수 있는 기술, 인간의 능력을 과거보다 더 증폭시켜 줄 기술이 많이 개발될 것이다.

준비된 정신이
숨은 기회를 감지한다

기술을 안다고 해서 누구나 급진적 변화기에 숨은 기회를 감지해낼 수 있는 것은 아니다. 지식이 있다고 숨겨진 기회가 저절로 보이지는 않는다는 말이다.

인지과학자 게리 클라인 박사는 통찰이 '준비된 정신Prepared Mind'에 기반한다고 강조했다. 준비된 정신이란 어떤 문제를 집요하게 파헤치고 더 깊이 이해하려는 강한 의지를 말한다. 준비된 정신이 있는 사람은 문제에 깊숙이 빠져 있기 때문에 남들이 보지 못하는 맥락을 본다.

오늘날 산업을 장악하고 있는 아이디어가 탄생한 순간에도 준비된 정신이 중요한 역할을 했다.

1970년대에는 아직 인터넷 환경이 발달되지 않았다. 당연히 데이터베이스를 관리해야 한다는 개념도 없었다. 그런 시대에 래리 엘리슨 Larry Ellison은 오라클을 세우고, 데이터를 관리해주는 소프트웨어를 팔기 시작했다.

그 시작은 이랬다. 어느 날 래리 엘리슨은 IBM이 개발한 새로운 데이터베이스 개념에 대한 보고서를 읽고 눈이 번쩍 뜨였다. 이전 방식과는 차원이 다른 새로운 데이터 분류 방식이 소개돼 있었던 것이다. 바로 데이터를 정형화된 테이블에 넣어 정보를 쉽게 찾을 수 있도록 돕는 관계형 데이터베이스였다. IBM은 단순히 데이터 분류에 대한 새로운 개념이라고 설명했으나, 엘리슨은 그 가치를 알아봤다. 앞으로 인터넷 사용량이 늘어나 데이터가 천문학적으로 많아질 것이고, 그러면 복잡한 데이터베이스에서 정보를 쉽게 관리해줄 소프트웨어를 찾는 기업이 많이 생길 텐데, 관계형 데이터베이스란 개념이 이 문제를 해결해주리라 직감했다. 장차 IBM보다 거대한 비즈니스로 성장하리라 확신했다.

래리 엘리슨은 이 개념을 오라클의 데이터베이스 관리 방식에 적용했다. 그로부터 30년이 흐른 지금까지도, 관계형 데이터베이스는 오라클 시스템의 근간 역할을 하고 있다. 아니, 클라우드 서비스, 모바일 등 데이터 관리가 더욱 중요해진 지금은 더 강력한 위력을 발휘한다고 할 수 있다.

개념을 구상해놓고도 그것이 새로운 시장을 만들 중요한 아이템이라는 것을 몰라본 IBM과 달리, 래리 엘리슨이 그 가치를 감지한 것은 바로 데이터베이스 관리에 대한 준비된 정신 덕분이었다. 결과적으로 준비된 정신이 30년 동안 시장을 장악하게 만든 아이디어를 감지하게 해준 것이다.

아마존을 세운 제프 베조스 역시 준비된 정신을 가지고 창업에 도전해 성공을 거뒀다. 1968년, 그는 프린스턴대학을 최우수 성적으로 졸업하고, 디이쇼DE Shaw에서 헤지펀드 업무를 봤다. 그런데 이상한 점은 그의 전공이 전기공학과 컴퓨터공학이었다는 것이다.

제프 베조스는 왜 전공과 전혀 관련이 없어 보이는 금융 회사에 입사했을까? 사실 그가 전공과 동떨어진 금융 회사에 들어간 이유는 따로 있었다. 그는 금융 분야가 아니라 프로그래밍 관련 업무에 투입되길 원했다.

제프 베조스의 관심 분야는 헤지펀드 운용의 기반이었던 알고리즘과 컴퓨팅 기술이었다. 이 당시 그는 한 통계 수치에 빠져 있었다. 바로 인터넷의 연간 성장률이었다. 당시 인터넷의 연간 성장률은 2,300퍼센트에 달했다. 그는 통신판매업 상위 20개 사를 면밀히 연구한 끝에 온라인 사업의 가능성을 발견해냈다. '기술의 쓰나미' 시대가 도래했음을 감지한 것이다. 중간 거래 단계를 줄인 유통 채널을 이용해 새로운 사업을 시작할 수 있다고 생각했고, 어떤 분야에 이 새로운 개념을 적용할지 고민했다. 그러다가 해답을 '도서'에서 찾았다. 당시 출판업계에는 모든 도서를 한눈에 볼 수 있는 종합 카탈로그도 없었고, 중간 거래가 생략된 온라인 유통 채널이 없었기 때문이다. 이렇게 해서 세계 온라인 서점의 선두주자가 탄생하게 됐다.

산업이 구조적으로 급변할 미래에는 남들이 보지 못하는 흐름과 기회를 감지하는 능력이 더욱 중요해진다. 기술 지식으로 무장하는 것에 그칠 것이 아니라 준비된 정신이 있어야 한다. 정신적으로 깨어 있어야 각 부분이 어떻게 작동하고, 어떻게 하나로 어우러지는지 터득할 수 있다. 그리고 어우러지지 않는 부분을 찾아내고, 중요한 연관성을 감지해낼 수 있다. 그리하여 일이 어디서 잘못될 수 있을지 꿰뚫어 볼 수 있다. 이러한 감지 능력이 바로 미래에 일을 잘하기 위한 선결 조건이다.

기하급수적 사고로
세상을 봐라

많은 사람이 미래를 오해하는 것 같다. 미래학자 레이먼드 커즈와일은 "선조들은 과거와 비슷한 현재를 보고 미래도 현재처럼 별다른 변화가 없을 것이라고 예측했다"는 점을 지적하며 우리의 경직된 사고를 되돌아볼 것을 권했다. 기술 발전 속도에 맞춰 우리도 기하급수적으로 사고할 필요가 있다.

기하급수적 사고란 이런 것이다. 여러 명이 골프를 치는데, 한 사람이 벌금 내기를 하자고 했다. 1,000원부터 시작해 매 홀마다 벌금을 두 배씩 늘리자는 제안에 사람들은 흔쾌히 그러자고 했다. 1,000원을 우습게 본 것이다. 그런데 실제로는 어땠을까? 1홀의 벌금은 1,000원이지만, 2홀은 2,000원, 3홀은 4,000원이다. 그리고 10홀은 51만 2,000원이며, 18홀이 되면 1억 3,000원에 이른다. 시작은 소소하지만 갈수록 엄청나게 변하는 것이 바로 기하급수적 성장이다.

과거에는 막 발전하기 시작한 단계라 변화의 폭이 피부로 느낄 정도로 크지 않았다. 하지만 지금은 다르다. 기하급수적 발전이 상당히 진행됐기 때문에 상상을 초월할 정도로 빠르게 변한다.

태양광 산업을 예로 들어보자. 태양광 에너지는 현재 에너지 부문에서 매우 작은 비중을 차지하고 있다. 전 세계 에너지 생산량 중 2퍼센트에 불과하다. 하지만 2년에 두 배씩 성장하고 있다. 성장 폭은 더욱 커질 것으로 전망된다. 다시 말해 10년 뒤에는 태양광 에너지의 비중이 지금과는 비교할 수 없는 정도로 커질 것이다. 그런데 계속해서 산술급수적 사고에 머무른다면 미래의 변화를 감지하지 못한다. 이제는 기술에 의해 역량이 증폭되는 폭이 기하급수적으로 늘어난다고 가정하고 세상을 바라봐야 한다.

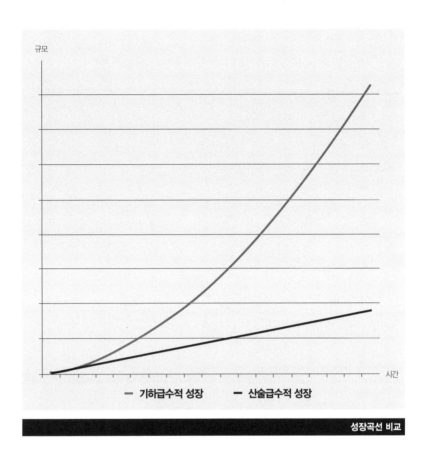

규모

― 기하급수적 성장　　― 산술급수적 성장

시간

성장곡선 비교

기하급수적 기업의 특징

피터 디아만디스는 기하급수적으로 성장하는 것들에는 두 가지 특징
이 있다고 했다.

첫 번째 특징은 기하급수적으로 늘어나는 정보에 의존한다는 것이
다. 즉 규칙적으로 두 배씩 늘어날 잠재력이 있는 정보에 접근할 때 성

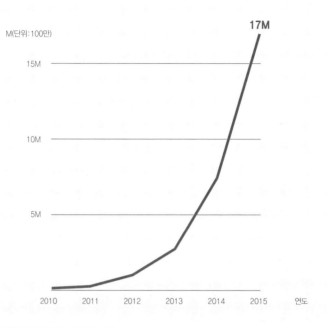

M(단위:100만)

17M

15M

10M

5M

2010   2011   2012   2013   2014   2015   연도

출처: 에어비앤비

공 가능성이 높아진다. 곱절로 늘어나는 정보에 기반해 사업해야 한다.

2008년 브라이언 체스키Brian Chesky라는 사람이 호텔업에 뛰어들었다. 그런데 특이하게도 여느 호텔업자처럼 건물을 마련하는 대신 사람들이 각자의 집을 공유할 수 있는 플랫폼을 만들었다. 바로 '에어비앤비'다. 집을 공유할 마음이 있는 전 세계 사람들이 에어비앤비 홈페이지에 입력한 정보들을 정교히게 잘 관리하는 비즈니스를 시작한 것이다.

그런데 이 정보가 늘어나는 속도, 즉 에어비앤비 등록 숙소가 늘어나는 속도가 기하급수적이다. 에어비앤비를 만든 지 6년이 지난 2014년, 홈페이지에 등록된 숙박 공간이 191개국, 6만 5,000여 개 도시에 170만 개를 웃돌았다. 2017년 누적 이용객 수는 우리나라 인구보다 4배나 많은 2억 명 이상이 됐다. 우리나라에도 2013년 서비스를 시작했는데, 2017년 3월 등록 숙박 공간이 2만 개를 넘기며 빠르게 성장하고 있다.

세계 최고의 특급 호텔 포시즌스Four Seasons는 2017년을 기준으로 41개국 96개 호텔을 갖고 있지만, 성장 폭은 크지 않다. 우리나라에는 2015년 10월 서울 광화문에 한 곳을 추가했을 뿐이다.

현재 에어비앤비의 직원 한 명이 사이트에 등록하는 숙박 공간 수는 포시즌스를 포함한 동종 호텔업계 평균의 90배나 많고, 그 격차는 갈수록 더 벌어지고 있다.

3D 프린팅으로 자동차를 만드는 로컬모터스Local Motors 또한 정보에 기반한 비즈니스다. 거대한 자동차 공장과 제조 설비를 만드는 대신 3D 프린터와 필수 설비만 갖추고 자동차를 찍어낸다. 현대자동차의 그랜저Grandeur는 물리적 자산이지만, 로컬모터스의 오프로드 차량인 랠리 파이터Rally Fighter는 정보다. 랠리 파이터의 설계안은 디지털 알고리즘으로 돼 있고, 실제로 만드는 것도 사람이 아니라 소프트웨어로 작동하는 프린터이기 때문이다. 한번 보고서를 만들어두면 100부든 1,000부든 인쇄하는 것에는 큰 어려움이 없듯, 랠리파이터도 인쇄 지시가 떨어지면 3D 프린터가 알아서 만든다. 반면 그랜저는 보고서 1,000부를 일일이 쓰는 것과 마찬가지로, 공장을 가동해 차량을 하나

하나 만들어야 한다. 제조 방식이 근본적으로 다르다 보니 로컬모터스의 자동차 제작비는 자동차업계 평균의 1,000배나 저렴하다. 차량 한 대 만드는 시간은 최대 22배나 짧다.

그런데 놀랍게도 2017년 6월 실리콘밸리에 가보니 로컬모터스마저 구식 3D 프린팅 회사라는 분위기였다. 더 많은 신생 스타트업이 새로운 아이디어로 3D 프린팅 자동차 산업에 뛰어들고 있었다. 그중 하나가 다이버전트3DDivergent3D다.

이 회사의 CEO인 케빈 징어Kevin Czinger와 인터뷰해보니 그는 흥미로운 아이디어로 새로운 역사를 쓰고 있었다. 로컬모터스가 주로 플라스틱 소재를 사용하는 것과 달리 다이버전트3D는 금속 소재를 중심으로한다. 2011년 싱글 레이저 금속 프린터의 출력 속도는 시간당 5밀리리터에 불과했다. 치과용 기구 제조 등에나 적당한 수준이었다. 그 뒤로 다이버전트3D는 레이저 네 개가 장착된 프린터에서 시간당 170밀리리터 속도로 금형 출력을 가능하도록 만들었다. 6년도 채 안 되는 기간 동안 속도가 34배 향상된 것이다. 그 속도는 지금도 기하급수적으로 빨라지고 있다.

더욱 특이한 점은 이 회사가 자동차를 만들어 파는 것이 아니라 3D 프린팅으로 자동차를 만드는 방법을 판다는 것이다. 말하자면 3D 프린팅 제조에 대한 독자적인 정보를 파는 것이다.

게다가 놀랍게도 고객이 자동차 회사반이 아니다. 인공위성, 우주선, 항공기 등을 만드는 데에도 적용되는 방식이기 때문이다. 퀄컴Qualcomm이 독점 통신 기술에 대한 라이선스를 제공하는 방식으로 거대한 통신

제국을 만들었듯 다이버전트3D도 객체 지향형 모듈 방식으로 이루어지는 3D 프린팅 제조 시스템을 라이선스 방식으로 수백 가지 업종의 고객에게 파는 것이다. 이런 방식으로 제품을 파는데 그 성장 속도가 일반 자동차업계와 같을 수 있을까?

정보가 기하급수적으로 성장하는 메커니즘은 복제와 배포copy and paste 의 개념으로 이해하면 쉽다. 예를 들어 녹음 기술이 나오기 전 시대의 사람들은 유명한 가수의 노래를 들으려면 직접 몸을 움직여 공연장으로 가야 했다. 그런데 녹음 기술이 개발되고 상용화되면서 사람들은 라이브 음악을 테이프나 레코드로 복제하여 원하는 시간에, 원하는 장소에서 들을 수 있게 되었다.

시공간의 한계를 뛰어넘게 만들어준 복제품이 널리 보급되면서 어떤 일이 벌어졌을까? 콘텐츠 유통사가 생기고, 녹음과 편집을 전문으로 하는 스튜디오가 하나둘 문을 열기 시작했다. 그리고 녹음기를 만드는 공장이 생기는 등 이전에는 없었던 새로운 시장이 만들어졌다.

이후 아날로그 레코드 음악이 MP3 형태의 디지털 형태로 바뀌자 제로에 가까운 비용으로 복제할 수 있게 되었고, 사람들은 이를 무한에 가깝도록 배포할 수 있게 되었다. 이는 인터넷 환경과 클라우드 서비스와 결합해 놀라운 속도로 전 세계에 퍼지고 있다. 2012년 싸이의 〈강남스타일〉은 뮤직비디오를 공개한 지 52일 만에 1억 뷰를 기록했고, 그다음 앨범에 수록된 〈젠틀맨〉은 2013년 4월에 공개된 지 나흘 만에 1억 뷰를 돌파했다.

복제의 대상은 음악과 같은 특정한 영역에 머물지 않고, 거의 모든 영역에 적용되어 기하급수적 성장을 실현시킨다. 아마존의 알렉사는 수많은 종류의 제품에 복제되고 있다. 2017년 LG전자가 인공지능 냉장고를 선보였는데 여기에 알렉사가 탑재됐다. 거의 비슷한 시기, 코웨이는 공기청정기에, 소니Sony는 텔레비전에, 폭스바겐Volkswagen과 BMW는 자동차 전장 시스템에 알렉사를 탑재했다. 알렉사는 업종을 가리지 않고 빠른 속도로 복제되어 배포되는 중이다. 아마존이 이 알고리즘을 개발하기까지 어느 정도의 자본과 노력을 투자했는지 정확히 알 수 없지만, 완성된 알렉사를 복제해 다른 제품에 탑재하는 데 드는 비용은 매우 적고, 그것이 활용되는 범위에는 제한이 없다.

3D 프린팅을 이용해 며칠 만에 집을 짓는 기술 역시 알고리즘이고 정보다. 건축 설계와 제어에 대한 알고리즘을 3D 프린터로 보내는 것이다. 이 알고리즘은 제로에 가까운 비용으로 복제되어 다른 3D 프린터가 동일한 작업을 수행할 수 있게 한다. 이것이 무엇을 의미하는지 똑바로 인지해야 한다. 이제 더 이상 아파트를 하나 더 짓기 위해 500여 명의 노동자와 수년의 세월을 필요로 하지 않는다는 것이다. 주택을 아무리 복제해 추가하더라도 한계비용이 떨어지지지 않는다. 즉 추가 비용을 많이 들이지 않고 주택을 복제해 여러 지역에 배포할 수 있다.

그동안 우리 사회에서 부자가 되는 일반적인 방법은 부동산 투자였다. 그런데 이런 건축물 프린팅 기술이 보편화될 즈음에는 주택 건설 비용이 충격적일 정도로 떨어져 있을 것이다. 원하는 주택이 뚝딱 만들어지는 시대에는 시간이 지날수록 주택 가치가 올라간다는 보장이 없다. 물론 우리나라 부동산 시장은 경제적 요인뿐 아니라 사회적, 역사적 요인이 복합적으로 반영돼 있어 섣불리 집값이 폭락하리라 전망할 수는 없다. 하지만 집 한 채 짓는 데 드는 기술적 비용의 하락이 부동산 시장에 미칠 영향이 결코 작지는 않으리란 점만은 직시해야 할 것이다.

피터 디아만디스가 이야기한 기하급수적 성장 기업들의 두 번째 특징은 바로 소유하지 않고 동원한다는 것이다. 지금까지는 자원을 확보할수록 힘이 커졌다. 그런데 오늘날 기하급수적으로 성장하는 개인이나 기업은 인프라나 자원을 소유하려 하지 않는다. 목적에 맞게 필요한 자원을 '동원'한다. 자원을 소유하는 방식은 가치가 산술적으로 증가한다. 자신의 여력만큼만 자원을 확보할 수 있다. 그런데 동원의 경우는 다르다. 자신의 여력과 상관없이 확보 가능한 자원의 규모가 무한대로 늘어날 수 있기 때문에 가치가 기하급수적으로 증가한다. 예를 하나 들어보겠다.

사물인터넷 시대가 도래하면서 도로에 센서를 이식해 도로 상황을 실시간으로 파악하는 기술들이 개발되고 있다. 도로망 센서 회사인 나브텍Navteq은 13개국 35개 주요 도시에 40킬로미터에 이르는 도로망 센서를 설치해 실시간 교통 감시 시스템을 구축했다. 해당 분야에서 거의 독보적인 기업이다.

그런데 노암 바르딘Noam Bardin이라는 이스라엘 사업가가 웨이즈Waze라는 전혀 새로운 방식의 비즈니스를 들고 나왔다. 웨이즈는 회사가 센서를 소유하지 않고, 도로를 달리는 사람들의 스마트폰에 있는 GPS 센서로 위치 정보를 크라우드소싱한다. 참여하는 사람이 별로 없을 때는 별 도움이 되지 않지만, 많아지면 많아질수록 그 무엇보다 촘촘한 실시간 감시 시스템이 된다.

웨이즈는 사업을 시작한 지 2년 만에 나브텍과 동일한 개수의 센서를 확보했고, 4년 뒤에는 열 배나 많은 센서를 확보할 수 있었다. 지금은 웨이즈가 확보한 인간 센서가 1억 명이 넘는다.

나브텍은 센서를 하나 만들 때마다 비용이 든다. 웨이즈는 센서를 추가하는 데 돈이 들지 않는다. 기술이 업그레이드되면 센서도 업그레이드해야 한다. 나브텍은 만만치 않은 센서 업그레이드 비용을 부담해야 하는 데 반해 웨이즈는 사람들이 스마트폰에 깐 앱만 업그레이드해주면 된다. 센서가 늘어나는 속도뿐 아니라 확장에 드는 비용도 크게 차이 난다. 이것이 바로 소유와 동원의 차이다.

만일 당신이 웨이즈와 나브텍 중 하나를 인수할 수 있다면 어느 쪽을 택하겠는가? 기하급수적 사고를 한다면 웨이즈의 가치를 알아봤을 것이다. 그러나 안타깝게도 노키아Nokia는 2007년 81억 달러를 들여 나브텍을 인수했고, 결국 실패로 끝났다. 한편 구글은 정보에 기반한 웨이즈를 11억 달러에 인수했고, 이 사업은 폭발적으로 성장하는 중이다. 이게 바로 기하급수적 사고의 힘이다.

요약하면 기하급수적 성장은, 첫째 곱절로 증가하는 정보에 접근할 때, 둘째 소유가 아닌 동원을 추구할 때 이루어진다. 오큘러스Oculus, 스냅, 우버, 에어비앤비, 왓츠앱WhatsApp, 테슬라, 로컬모터스, 페이스북, 구글 등 최근 단기간에 시가총액 10억 달러를 넘긴 회사들은 모두 이 두 가지 법칙에 충실했다.

황금 기회를
감지하라

'역승 손실inverse power loss'이라는 개념이 있다. 소형 사건은 자주, 중형 사건은 간헐적으로, 대형 사건은 가끔 발생한다는 의미다. 지진을 예로 들면 미진은 자주, 중진은 간헐적으로 발생하고, 동일본 대지진처럼 엄청난 쓰나미를 일으키는 강진은 드물다.

도널드 설Donald Sull MIT 교수는 기업에도 역승 손실 법칙이 적용된다고 했다.

기업들은 항상 소규모의 점진적 변화를 겪습니다. 그러다가 중간 규모의 기회를 만나게 됩니다. 거대한 경제적 가치를 비교적 단시간에 창출할 기회를 의미하는 황금 기회를 잡을 수 있는 기간은 상대적으로 짧고 투자도 한정돼 있죠. 황금 기회는 강진처럼 상대적으로 드뭅니다.

어떻게 하면 황금 기회가 왔을 때 이를 감지할 수 있을까? 도널드 설 교수는 기회 감지 요소로 다음과 같은 세 가지 방법을 제시했다.

첫째, 이례적 요소다. '무엇은 어떤 상태여야 한다'는 정신적 모델을 벗어나는 것이다. 예를 들어 혼다Honda는 미국에 진출해 대형 오토바이를 팔려고 했으나, 할리 데이비슨Harley-Davidson 같은 브랜드가 이미 시장을 장악해 쉽지 않았다. 그렇게 고전하던 중 혼다는 3,050시시 소형 슈퍼 컵Super Cub을 LA에서 시운전했다. 일본에 내놓기 전에 넓은 미국

땅에서 테스트하려 한 것이다. 그런데 이를 본 미국인들이 판매처를 묻는 등 흥미를 보였다.

예상과 실제 소비자들의 니즈가 다르다는 것을 발견한 혼다는 깜짝 놀랐다. 그리고 미국 시장에서는 대형 오토바이밖에 팔리지 않는다는 지배적인 생각을 깨고, 소형 오토바이 슈퍼 컵으로 방향을 틀었다. 그 결과는 성공이었다.

이처럼 우리 머릿속 생각의 지도와 실제 지형은 다를 수 있다. 사람들이 좋아할 것 같았는데 외면하거나, 외면할 것 같았는데 좋아하는 경우는 얼마든지 있다. 따라서 우리 생각과 다른 변칙을 포착하는 것이 중요하다.

둘째, 이른 신호다. 많은 기업이 위기가 코앞에 닥칠 때까지도 앞날을 대비하지 않는다. 미국의 신문사 대부분이 인터넷이 대세가 될 때까지, 즉 인터넷이 주요 데이터 수집처가 되기 전까지 아무것도 하지 않았다. 그런데 캐나다와 영국의 대형 신문사였던 〈톰슨Thomson〉은 달랐다. 1980년대 후반, 인터넷 시대가 오기도 전에 신문이 디지털 형태로 바뀔 것이라 예측했다. 웹www, 인터넷, 구글 등 모든 것이 등장하기 전이었다. 당시 〈톰슨〉의 회장 리처드 해링턴Richard Harrington은 당연히 계속해서 신문을 볼 알았던 사람들이 점차 구독을 끊자 그 원인을 연구하기 시작했다. 그리고 1년 뒤, 이사회에게 20~30년 뒤에는 온라인에서 정보 구매가 이루어질 것이라고 보고했다. 다들 말도 안 되는 소리라고 했지만, 리처드 해링턴은 신문의 디지털화를 알리는 약한 신호를 조기에 감지하고, 연구하고, 탐구했기에 확신했다.

결국 〈톰슨〉은 종이 신문 발행을 줄이는 동시에 계속해서 가치를 창출할 수 있는 방안을 연구했다. 그리고 변호사, 투자은행 같은 곳이 정보를 사들이는 데 상당한 돈을 쓴다는 사실을 포착했다. 신문이라는 매체 외에도 정보를 팔 수 있는 작은 시장을 발견한 것이다. 그렇게 해서 정보 판매라는, 당시에는 작은 시장에 뛰어들었고 결과는 성공적이었다.

1990년대 중반, 드디어 리처드 해링턴이 예견한 대로 인터넷이 모든 것을 장악하기 시작했고, 〈톰슨〉은 뉴스 부문 자산을 매각했다. 그리고 이제는 세계 최고의 금융 정보 판매 기업이 됐다.

셋째, 침체기에 등장하는 염가다. 카네기 크루즈Carnegie Cruise는 세계 최대 크루즈 회사이지만, 창업 초기에는 보잘것없었다. 마이애미 만에 있는 배 한 척이 전부였고, 사업이 잘되지 않아 거의 파산 직전까지 갔다.

하지만 평소에 비용 원칙이 엄격했고, 재정 지출 습관 또한 매우 검소했다. 카네기 크루즈는 허리띠를 졸라매고 경기 침체기에 배를 사들였다. 때가 때인지라 경쟁사보다 50퍼센트나 싸게 살 수 있었다.

이렇게 크루즈 선박이 늘어나자 자금 운용 능력이 점차 좋아졌고, 업계 지배력도 커졌다. 결국에는 다른 크루즈 회사들이 하나둘 쓰러지면서 카네기 크루즈가 미국 시장에서 선두에 섰다. 자금이 생명인 업계에서 경쟁사의 반값에 배를 구입하여 승자가 된 것이다.

이렇게 이례적 요소, 이른 신호, 염가 등과 같은 신호를 감지하면 거대한 경제적 가치를 비교적 단시간에 창출할 수 있는 황금 기회를 잡을 수 있다. 그런데 문제는 이런 신호를 구분하기가 쉽지 않다는 것이다. 정보의 양도 많고, 노이즈도 많다. 그렇다면 어떻게 해야 신호를 잡을 수 있을까?

신호와 노이즈를
구별하는 법

기회를 잡기 위해서는 무엇보다 신호와 노이즈를 구별해야 한다. 신호는 말 그대로 기회를 알려주는 현상이다. 반대로 노이즈는 그럴듯해 보이지만, 뚜껑을 열어 보면 아무것도 아니거나 때로는 손해를 입히는 것들이다. 노이즈의 가장 큰 문제는 신호를 놓치게 만든다는 것이다.

각종 언론에서 하루가 멀다 하고 새로운 기술들을 소개한다. 아직은 아무도 그것이 미래 사회를 주도할 기술인지, 아니면 곧 사라질 노이즈인지 알지 못한다. 그러나 경영자라면 판단할 줄 알아야 한다. 현재 관찰되는 변화가 산업 구조를 근본적으로 바꿀지, 아니면 사소한 것인지 구분해야 한다. 어떤 전문가도 경영자 대신 판단해줄 수 없다. 경영자 스스로 여러 정보를 참고해 판단하고, 의사 결정을 해야 한다.

앞으로 인공지능, 3D 프린터, 가상현실 등 각종 신기술이 큰 변화를 일으킬 것이다. 그런데 그 변화가 미치는 영향은 회사마다 다를 것이다. 어떤 회사는 명운이 바뀔 것이고, 어떤 회사는 큰 변화가 없을 것이다. 우버나 에어비앤비 같은 회사가 처음 등장했을 당시를 생각해보자. 이 회사들을 주목하는 사람은 그리 많지 않았다. 대부분 수많은 모바일 앱 회사 중 하나라고 여겼다. 그러나 적어도 운송업계, 숙박업계에 있는 경영자라면 이들의 등장이 중요한 신호인지 아니면 그냥 흘러갈 노이즈인지 구분했어야 한다.

그렇다면 초기의 미미한 신호를 어떻게 하면 알아차릴 수 있을까? 데이비드 요피 하버드경영대학원 교수는 이런 말을 했다.

초기 단계의 기회가 보이지 않는다고 생각하지 않습니다. 작게 보일 수는 있어도, 보이지 않는 것은 아닙니다. 우버의 경우, 잘 따져보면 사업 방식이 근본적으로 다르고 소비자에게 더 좋은 가치를 제공했습니다. 면밀히 따져봤다면 노이즈가 아니라 진정한 변화의 신호임을 초창기에 간파해냈을 것입니다.

변화의 시기에는 정보가 생명이다. 정보를 흡수할 수 있는 채널을 다양하게 열어두고 있어야 남들은 포착하지 못하는 기회를 얻을 수 있다. 그래서 세계적인 회사들은 어떻게든 정보를 흡수하기 위해 다양한 의견 청취 시스템을 갖추고 있다.

잘 알다시피 우버는 샌프란시스코에서 설립됐다. 샌프란시스코에 거주하는 사람들은 일찍부터 우버 현상을 접했다. 우버라는 새로운 서비스가 나왔다는 이야기는 샌프란시스코에서 아주 초기부터 거론됐고, 언론을 통해 다른 지역에 전해질 즈음에는 이미 베이에어리어 Bay Area에서 교통을 혁명적으로 바꾸는 중이었다. 많은 기업이 비싼 자금을 들여 실리콘밸리에 사무실을 두는 이유가 바로 이것이다.

사물인터넷 선도 기업인 시스코는 전 세계에 있는 다양한 스타트업과 제휴하는 방식으로 시장의 변화를 감지하고 있다. 특히 존 체임버스 회장은 스타트업 CEO들과 가까운 것으로 유명하다. 정기적으로 이들을 만나 멘토링을 하는 동시에, 이들로부터 새로운 기술에 대한 아이디어와 유용한 정보를 얻는다.

경영자라면 담당 부서의 보고를 받겠지만, 그것에만 의지해서는 안 된다. 눈과 귀를 사방으로 열어야 한계를 뛰어넘는 인지력을 얻을 수 있다. 신호를 잘 간파하는 경영자들은 자신에게 직접 보고하는 사람들 외에도 조직의 모든 층위, 외부 전문가, 심지어 타사 직원에게까지 의견을 듣는다.

빌 게이츠가 인터넷 시장을 개척할 당시의 상황을 보자. 빌 게이츠 주변에 있던 사람들은 AOL America On Line과 경쟁하기 위해 온라인 기술에만 집중했다. 마이크로소프트 참모들은 AOL과 비슷한 프로그램을 개발하는 것이 마이크로소프트의 인터넷 비즈니스 전략이라고 보고하고, 이를 추진했다. 그렇게 해서 만들어진 것이 바로 MSN이다.

그런데 빌 게이츠는 참모들의 말만 듣지 않았다. 회사에 갓 입사한 사람들에게 어떻게 생활하는지 물었다. 다시 말해 기술과 훨씬 가까이에서 일하는 사람들의 이야기를 들은 것이다. 갓 입사한 젊은 일반 사원들은 마이크로소프트가 일반 사람들의 생활 방식과 전혀 어울리지 않는 잘못된 방향으로 가고 있다고 했다. 빌 게이츠는 계속 이런 신호를 받았고, 왜 젊은 일반 사원들은 임원들이 잘못된 판단을 내렸다고 보는지 궁금해했다.

더욱 상세히 문제를 검토한 결과, 그는 사원들에게서 진짜 신호가 나오고 있으며 자신과 가까운 임원들의 목소리는 노이즈라고 결론 내렸다. 넷스케이프Netscape와 같은 브라우저가 중요한 신호라고 판단했다. 이런 이유로 마이크로소프트에서 인터넷 익스플로러Internet Explorer가 중요한 사업으로 성장했고, 인터넷 시장의 초석을 다지는 데 중요한 역할을 했다.

신호와 노이즈를 구별하고 싶은 경영자라면 조직의 제일 아래로 내려가 기술과 고객을 가까이에서 상대하는 사람들의 의견을 들어야 한다. 그래야 자신이 듣는 이야기가 노이즈인지, 아니면 시장에서 실제로 일어나는 변화인지 정확히 알 수 있다.

미래를 바꿀
여섯 가지 기술

앞으로 몇 년 안에 중대한 변화를 일으킬 기술은 뭘까? 많은 전문가가 공통적으로 언급하는 기술이 여섯 가지 있다. 자율주행, 인공지능, 5G, 가상현실과 증강현실, 3D 프린팅, 블록체인Blockchain이다. 이것들을 차례로 살펴보자.

토머스 프레이는 인류 역사상 가장 파괴적인 기술로 자율주행 기술을 꼽았다.

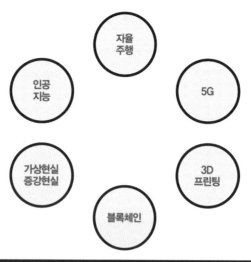

향후 거대한 변화를 일으킬 6대 촉매 기술

자율주행차는 스마트폰이 인류의 생활양식을 바꾼 것 이상으로 커다란 변화를 가져올 것입니다. 자율주행차는 짧은 시간에 수많은 부분에서 많은 변화를 가져올 것입니다.

자동차업계는 최근 30~40년 동안 큰 변화가 없었다. 하지만 이제는 새로운 기회가 열리고 있다. 인공지능 기술과 시각 정보처리 기술이 발전했으며, 특히 센서의 성능이 급격히 향상됐다. 여기에 5G까지 가세하면 몇 년 안으로 초기 주행 보조 기술이 개발될 것이고, 가까운 미래에 자동차업계 전체가 근본적 변화를 겪게 될 것이다.

보스턴컨설팅그룹Boston Consulting Group은 2035년이 되면 자율주행차가 전 세계에서 판매되는 자동차 네 대 중 한 대를 차지할 것이라고 전망했다. 미국에서는 2017년 현재 이미 6개 주에서 자율주행차의 일반 도로 주행을 허용했다. 캘리포니아주는 우버 같은 기업이 정부의 안전 기준을 충족하고, 교통 법규에 맞게 프로그래밍될 경우 자율주행 택시 서비스도 즉시 시행할 수 있도록 했다. 캐나다 온타리오주 등 그 밖의 곳에서도 점차 자율주행차를 허용하는 추세다.

미국 도로교통안전국NHTSA에 따르면 자율주행차는 다섯 가지 수준 으로 나눌 수 있다.

레벨 0 : 자동제어 장치가 없고 사람이 운전하는 일반 자동차

레벨 1 : 자동 긴급 제동 장치AEB와 어댑티드 크루즈 컨트롤ACC 등 자동
  보조 시스템의 도움을 받아 사람이 운전하는 자동차

레벨 2 : 핸들 조작 등 일부가 자동화되고, 고속도로에서 차선을 유지할
  수는 있지만 아직 사람이 개입해야 하는 자동차

레벨 3 : 자동화 시스템이지만, 긴급 상황이 발생하면 사람이 브레이크,
  핸들 조작을 해야 하는 자동차

레벨 4 : 사람이 목적지만 입력하면 스스로 판단해 주행하는 자동차

레벨 5 : 사람의 개입 없이 완전히 스스로 주행하는 자동차

현재 자율주행차 기술은 레벨 3에서 레벨 4로 발전하는 과정에 있다.

그런데 지금 자율주행차 시장을 주도하는 기업들은 기존의 자동차 회사들이 아니다. 100년이 넘는 자동차 산업 역사에 비하면 신생 회사 들이다. 게다가 이미 상당한 기술적 진보를 거뒀다.

구글은 자체 기술로 자율주행 전기차를 상당 부분 개발했고, 100마일당 자율주행 해제 횟수를 꾸준히 줄이고 있다. 즉 안전 운행을 위해 자율 운행 시스템을 해제해야 하는 횟수가 점점 줄어들고 있다. 당연히 수치가 낮을수록 시스템 안정성이 높다. 2021년 정도에는 레벨 5에 해당하는 완전 자율주행차를 출시할 수 있으리라 전망된다.

테슬라도 자율주행 기술을 양산 차에 적용해 조기 상용화에 들어갔다. 2016년 12월, 테슬라는 모델3를 포함한 모든 차량에 완전 자율주행Full self-driving을 위한 필수 하드웨어들이 탑재될 것이라고 발표했다. 구체적으로는 차량에 탑재한 서라운드 카메라 8대가 최대 250미터 범위까지 360도 시야를 제공하고, 울트라소닉 센서 12개가 기존보다 두 배 이상 넘는 거리에 위치한 사물을 감지할 수 있다. 호우, 안개, 미세먼지 등으로 기상이 악화돼도 차량 통행 유무를 쉽게 감지시킬 수 있는 레이더가 장착됐다. 완전 자율주행 오토파일럿의 필수 하드웨어를 모두 장착한 것이다.

애플도 자율주행차 시장에 진입했는데, 차체보다는 시스템 개발에 주력하고 있다. 특히 자동차에 들어가는 다양한 소프트웨어들을 중앙 제어하는 카 플레이Car Play 개발, 드론을 이용한 지도 콘텐츠 강화 등으로 향후 자율주행차에 들어가는 소프트웨어의 제1공급자가 되는 것을 목표로 하고 있다.

자율주행차가 일반화되면 세상은 어떻게 변할까?

일단 자동차를 차고에 주차할 필요가 없어진다. 필요할 때 차를 불러 타는 식으로 바뀔 것이다. 그러면 주차장으로 돈을 버는 비즈니스가 사라진다. 대형 마트나 쇼핑센터가 대규모 주차장을 마련할 필요가 없어진다. 차를 댈 공간 대신 자율주행차가 사람을 내려줄 공간, 자율주행차가 대기할 공간이 필요해질 것이다. 미국 공항은 매출의 41퍼센트가 운송 주차(개인 및 유통업자 차량의 장기 주차)에서 나온다. 이 부분이 사라진다.

유통 비즈니스도 없어진다. 타이어 가게, 수리점, 주유소, 중고차 거래소 역시 10~20년 안에 사라진다. 그 전에 렌터카 산업이 없어질 것이다. 자동차 사고가 파격적으로 줄어들면서 교통경찰도 줄어들 것이다. 또한 이와 관련된 의료 산업, 보험 산업 역시 사라질 것이다.

자율주행 기술로 인해 새로 생기는 산업도 있다. 이동 의료 서비스, 이동 병원, 이동 음식점, 이동 회계 사무소 등 지금은 상상도 할 수 없는 산업들이 생겨날 것이다. 그리고 이러한 변화가 도시의 모습까지 바꿀 것이다.

몇 년 안에 중대한 변화를 일으킬 두 번째 기술은 인공지능이다. 인공지능은 자율주행차에 들어가는 기술 중 하나이기도 하지만, 그 자체로 여러 산업에 영향을 줄 것이다.

인공지능은 인간의 학습 능력, 추론 능력, 지각 능력, 자연언어 이해 능력 등을 컴퓨터 프로그램으로 실현한 기술을 말한다. 즉 시스템이 사람의 언어를 이해하고, 스스로 판단할 줄 아는 것이다. 이 기술은 그 자체로 발전하는 한편 의료, 전자 기기, 게임, 정교한 의사 결정을 지원하는 전문가 시스템 등 다양한 영역에서 각기 다른 형태로 진화해나갈 것이다.

인공지능이 강력한 이유는 스스로 학습하기 때문이다. 일반적인 컴퓨터 과학 영역에서는 원하는 것을 만들기 위해 인간이 직접 프로그램을 짠다. 그런데 인공지능은 스스로 상황을 이해하고 어떻게 움직일지 찾아나간다. 데이터를 통해 이해하고 배우는 것이다. 워싱턴대학University of Washington 에서 인공지능을 가르치는 페드로 도밍고스Pedro Domingos 교수는 인공지능을 농사에 비유했다.

인공지능의 알고리즘은 씨앗과 같습니다. 데이터는 양분에 해당됩니다. 인공지능 머신은 데이터를 통해 배우고 성장합니다. 이 알고리즘의 결실은 자율주행차가 될 수도 있고, 머신러닝 바둑 프로그램이 될 수도 있고, 제조 시스템이 될 수도 있죠. 인간이 도구를 이용해 물건을 직접 만드는 일반 제조업과 달리, 농사는 씨앗을 심으면 어느 정도는 곡식이 스스로 자란다는 차이점이 있습니다. 인공지능이 이와 같습니다. 학습 알고리즘 자체를 사람에 의해서가 아니고 컴퓨터가 스스로 하고 성장합니다.

가장 활발하게 발전할 영역은 바로 음성 기반 인공지능 비서 기술이다. 2016년에 미국의 음성 분석 기술 회사인 보이스랩스VoiceLabs가 예측한대로, 2017년에 들어서자 마이크로소프트, 아마존, 애플, 구글 등 주요 기업들이 음성인식 기술 시장에서 본격적으로 각축전을 벌이기 시작했다.

보이스랩스에 따르면 음성인식 기기는 2015년과 2016년에 650만 대 팔렸다. 2017년까지는 2,450만 대가량이 누적 판매될 것이다. 소비자들이 어느 브랜드의 음성 비서가 좋은지 아직 결정을 내리지 못했고, 여러 대를 둘 생각도 없기 때문에 각 기업은 이 시장을 선점하기 위해 총력을 기울이고 있다.

이중 가장 선전하고 있는 제품은 아마존이 출시한 음성인식 인공지능 비서 에코Echo다. 에코의 경우, 간추린 아침 뉴스를 전하고 조명을 켜고 블라인드를 올리고 커피메이커를 켜는 등 다양한 기기들을 조작해 사용자의 아침 시간을 장악했으며, 저녁 시간으로 범위를 넓히려고 노력 중이다.

인공지능은 경영진의 역할까지 대신하려 하고 있다. 바로 의사 결정 알고리즘이다. 세계 최대 헤지펀드 브리지워터Bridgewater는 매우 방대한 원칙들에 따라 업무를 처리해야 하고, 업무 중압감 때문에 이직률이 높다. 브리지워터는 이런 문제를 해결하기 위해 기업 경영을 자동화하는 인공지능을 개발했다. 앞으로 4년 안에 인공지능 시스템이 사내에서 이루어지는 의사 결정 중 4분의 3을 처리하게 할 계획이다.

인공지능을 기반으로 한 스마트 팩토리를 실무로 확대하는 일본 제조 회사도 늘어나고 있다. 인공지능을 활용해 생산성을 높이기 위해서다. 소재 제조사인 도레이Toray는 공장에 인공지능을 활용한 검사기를 부착해 공장의 온도와 압력 데이터를 종합적으로 분석하고, 그 결과를 공장 운영에 적용해 퇴직하는 기술 관리자들의 역할을 대체했다.

몇 년 안에 중대한 변화를 일으킬 세 번째 기술은 5G다. 5G는 통신 속도와 데이터 전송 양쪽에서 거대한 진전을 이루어내는 기술이다. 2020년이면 5G 통신이 상용화된다. 4세대 이동통신인 LTE가 우리나라에서 상용화된 것이 2011년이다. 데이터 다운로드 속도는 75Mbps 수준에서 이제 300Mbps까지 빨라졌다. 5G 통신은 현재의 4G LTE 보다 20배 빠르다. 속도는 100배 빠르고, 전송 가능한 데이터 양은 1,000배 많다. 예를 들어 800메가바이트 영화를 무선 인터넷으로 내려받으려면 3G는 7분 정도, 4G LTE는 40초 정도가 걸리는 데 비해 5G는 1초도 걸리지 않는다.

5G가 파괴적 촉매 기술인 이유는 우리가 상상하는 미래 기술의 상당 부분이 이것에 의해 실현되기 때문이다. 예를 들어 홀로그램 화상 전화가 개발됐다고 하자. 서울에서 뉴욕에 있는 전문가와 생생하게 홀로그램 통화를 하려면 막대한 데이터가 끊이지 않고 전송돼야 한다. 지금의 4G 환경에서는 이러한 대용량 영상을 끊김 없이 실시간으로 전송하는 데 제약이 있다.

사물인터넷 환경에서는 모든 기기에 센서가 달려 서로 연결될 것이다. 2024년이 되면 전 세계에서 센서 1조 개가 서로 커뮤니케이션을 할 것이다. 2036년에는 센서가 100조 개로 늘어날 것이다. 수많은 기기들이 수집하고 주고받을 데이터의 양을 한번 상상해보자.

이 모든 일이 가능하려면 데이터 전송 환경이 갖추어져야 하고, 그 문제를 해결해줄 기술이 바로 5G다. 5G는 무인 자율주행차, 로봇, 가상현실, 홀로그램, 원격의료 등 새로운 차원의 서비스를 앞당겨 등장시킬 기술이다.

산업적 차원에서는 융합을 통한 새로운 비즈니스 기회를 창출하고, 국가적 차원에서는 신성장 동력을 확보하기 때문에 중요하다. 이 때문에 각국이 정부 차원에서 5G에 주목하고 있다.

우리 정부는 2018년 평창 동계올림픽에서 5G 시범 서비스를 세계 최초로 선보일 계획이며 2019년에 본격적으로 추진할 예정이다. 시범 서비스를 성공적으로 추진하면 관련 기술이 국제표준으로 채택될 가능성이 높아진다.

통신 사업은 기간산업이어서 통신망을 직접 구축하는 방식으로 해외에 진출하기 쉽지 않다. 하지만 5G와 같은 차세대 통신 기술에서 경쟁 회사보다 앞서 나간다면 이를 활용한 서비스를 수출할 수가 있다. 5G는 최고의 성능과 비용 효율성을 지닌 궁극의 네트워크이기 때문에 새로운 5G 네트워크는 미래 혁신의 토대가 될 것이다.

중국도 5G 기술 개발에 적극적이다. 정부 차원에서는 공업정보화부가 주도하고 있다. 기업중에는 화웨이Huawei, 華為가 5G 기술 개발 연구에 2021년까지 6억 달러를 투자한다. 일본은 NTT도코모NTT Docomo를 중심으로 기술을 개발 중이며, 2020년 도쿄 올림픽에 맞춰 서비스를 선보일 방침이다. 미국은 GE가 산업인터넷Industrial Internet이라는 청사진을 내놓았다. 모든 산업 장비들에 인터넷이 접목된다는 의미로 '사물인터넷'과 유사한 뜻이다. GE는 센서가 부착된 각종 장비들이 산출하는 데이터를 수집하고 분석해 현장에서 발생하는 각종 문제들을 해결할 수 있는 소프트웨어 플랫폼을 개발하고 있다.

몇 년 안에 중대한 변화를 일으킬 네 번째 기술은 가상현실이다. 마크 저커버그 페이스북 CEO는 "가상현실은 차세대 소셜 플랫폼이 될 것"이며, "가까운 미래, 각기 다른 데 있는 사람들이 가상현실을 통해 광경과 경험을 공유할 날이 머지않았다"고 말했다.

이미 오큘러스를 비롯해 HTC, 삼성, 소니, 마이크로소프트 등이 훌륭한 가상현실 제품을 내놨다. 이들 회사들이 가상현실에 열심인 이유는 산업 전반에 다양하게 적용되는 가상현실의 가치와 가능성을 내다봤기 때문이다.

가상현실에 대한 논의는 아주 오래전에 시작됐지만, 최근 들어 부작용 없는 체험이 가능해지면서 변화의 폭이 커지고 있다. 누구나 원하는 곳에서 적은 돈으로 이전보다 더욱 실감 나는 가상현실을 즐길 수 있게 됐다.

아우디Audi, 볼보Volvo 등 세계적인 자동차 회사들은 잠재 고객들에게 360도 영상이나 3D 가상현실을 활용해 가상으로 시승해볼 수 있도록 하고 있다. 실제로 차를 타는 것과 거의 똑같은 느낌이기 때문에 엄청난 마케팅 효과를 거둘 것으로 예상된다.

교육도 가상현실 기술이 적용될 때 효과를 크게 증진시킬 수 있는 분야다. 과학이나 의학 분야에서 실험 실습에 가상현실을 적용할 경우, 실제 실험한 것과 같은 효과를 얻을 수 있다. 몰입도 또한 높을 것이다. 일대일 가상 과외를 통해 기존의 대중적인 교육이 아니라 학습자 맞춤형 교육이 가능해지면서 창의적인 교육의 가능성을 열 수도 있다.

가상현실은 의료와 헬스 산업에도 큰 영향을 미칠 것이다. 가상현실 기기를 통해 원격 진료와 치방을 함으로써 의료 혁신을 가져올 수 있다.

기업들은 제품의 프로토타입을 가상현실로 쉽게 만들 수 있게 된다. 또한 제품의 디지털 버전을 내놓을 수도 있다. GE는 값비싼 산업 자산에 대한 디지털 복제품을 만들어 관리하는 가상현실 플랫폼 '디지털 트윈Digital Twin'을 내놓았다. 이렇게 가상현실 기술은 무제한적으로 다양한 분야로 확산되고 있다.

현재 업계에서는 가상현실의 발전 방향이 명확하게 정의되지 못하고 있다. VR글래스를 쓰는 불편함과 같은 걸림돌이 존재하고, 가상현실, 증강현실, 혼합현실Mixed Reality, MR, 360도 영상 등 연관 기술들이 다양해서 발전 경로가 아직은 불분명하다. 페이스북이 인수한 오큘러스는 사업 부진을 이어가다 결국 페이스북과 결별하기도 했다.

하지만 전문가들은 기술 발전 경로가 산업 안에서 윤곽을 잡고, 연관 콘텐츠들이 충분히 많아지고, 5G 기술이 뒷받침될 무렵, 전략적 변곡점strategic inflection point이 올 것으로 보고 있다.

전략적 변곡점이란 사업 방식과 경쟁 형태가 새롭게 바뀌며 본격적인 성장을 하는 때를 말한다. 2017년, 시장조사 회사 트렌드포스Trendforce는 전 세계 가상현실 기기 판매 규모가 2016년 1,400만 대에서 2020년 3,800만 대 규모로 늘어날 것이라고 예측했다. 글로벌 투자은행인 골드만삭스Goldman Sachs는 향후 2022년까지 가상현실 시장이 1,500억 달러, 한화로 약 170조 원 규모에 달할 것이라 전망하고 있다.

몇 년 안에 중대한 변화를 일으킬 또 다른 기술은 3D 프린팅이다. 토머스 프레이와 같은 미래학자들은 앞으로 3D 프린터가 전 세계 제조업 지도를 완전히 바꿔놓을 것이라고 예견했다. 2017년, 시장조사 회사 월러스 어소시에이츠Wohlers Associates는 3D 프린터 시장이 해마다 두 자릿수 성장률을 유지해 2016년 31억 달러에서 2020년 52억 달러까지 커질 것으로 전망했다.

또 다른 시장조사회사 트랜스패런시Transparency 또한 3D 프린팅 시장이 2013년 22억 달러에 불과했지만 2017년부터 2019년까지 연평균 17퍼센트의 성장률을 보일 것으로 예상했다. 3D 프린터 출하량만 따져보면 2014년 11만 대에서 2015년 22만 대로 증가했고, 2018년도에는 230만 대를 상회할 것으로 내다봤다. 이는 현재 기술 환경을 기준으로 계산한 것이고, 주입하는 입자 종류와 적용되는 분야가 늘어나면 그 규모는 더욱 커질 것이다.

3D 프린팅은 다양한 분야에 사용되겠지만, 의료 산업이 가장 큰 수혜자가 될 것으로 보인다. 의료 기기, 인공장기, 나노 의학 등 의료 현장 곳곳에서 엄청난 변화를 일으킬 것이다. 보청기처럼 일상생활과 비교적 가까운 의료 기기만 보더라도, 3D 프린터만 있으면 환자 개개인의 신체적 특성에 맞게 만들어 착용감 면에서 일대 혁신을 가져오리라 예상된다. 게다가 작업 속도는 빨라지고, 불량률은 크게 낮아질 것이다. 장기이식을 할 때도 미리 환자 몸을 스캐닝해 장기 복제품을 만들어두면 실제 수술에서 장기의 어느 부분을 잘라내야 할지 시뮬레이션할 수 있다.

줄기세포를 이용한 바이오 재료를 활용할 수 있게 되면 인공장기를 3D 프린터로 만들어낼 수도 있다. 이른바 바이오프린팅이다. 2008년 나카무라 마코토中村真人 도야마대학富山大学 교수는 잉크젯 프린터의 잉크 입자 크기가 사람의 세포와 비슷하다는 점에 착안해 인체 조직이나 장기를 찍어내는 최초의 3D 바이오 프린터를 개발했다. 이후 2016년

12월, 미국의 재생의학 회사 오가노보Organovo는 사람의 간 조직을 3D 프린터로 만들어 쥐에 이식하는 데 성공했다. 2017년에는 중국의 레보텍Revotech이 3D 프린터에 원숭이의 지방층에서 추출한 줄기세포를 넣어 혈관을 만든 다음 같은 원숭이에게 이식했다. 3D 프린터를 환자 맞춤형 장기 이식에 활용할 수 있다는 가능성을 입증한 것이다.

이렇게 3D 프린팅의 잠재성이 크다 보니 세계적인 회사들이 일찍부터 이 분야에 뛰어들었다. 일론 머스크가 설립한 스페이스엑스는 로켓 엔진의 연소실 부품을 금속 3D 프린터로 만든다. 보잉Boeing은 항공기에 들어가는 2만 개 부품을 3D 프린터로 만든다. 미국 최대 제조 회사 GE는 제조업 혁신을 위해 3D 프린터 분야에 15억 달러를 투입했다.

이처럼 3D 프린팅은 제품을 만드는 것은 물론 주택, 인체 장기까지, 세상에 있는 거의 모든 것을 만들어낼 수 있는 파괴력이 엄청난 기술이다. 전체적인 산업 구조까지 바꿔버릴 것이다.

몇 년 안에 중대한 변화를 일으킬 마지막 기술은 블록체인이다. 2016년 세계경제포럼World Economic Forum, WEF에서는 향후 2년 안에 전 세계 은행의 80퍼센트가 블록체인 기술을 도입할 것으로 전망했다. 시장조사 회사 아이트그룹Aite Group은 블록체인 기술에 대한 투자 규모가 전 세계적으로 2014년 3,000만 달러에서 2018년 3억 달러로 늘어날 것으로 전망했다. 많은 전문가가 블록체인 기술이 제2의 인터넷이 될 것이라고 밝혔다.

블록체인은 말 그대로 '블록Block'들을 '사슬Chain' 형태로 엮은 것을 말한다. 여기서 블록은 P2Ppeer to peer 거래에서 거래에 대한 데이터가

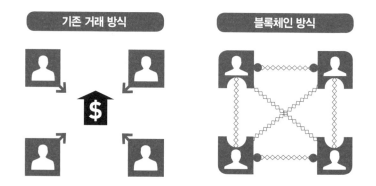

기존 거래 방식	블록체인 방식

거래 방식의 비교

출처: 과학기술정보통신부, SW중심사회

기록, 저장되는 장부를 말한다. 즉 거래에 대한 정보를 담은 블록들이 사슬로 이어져 하나의 장부가 되는 것이다. 중요한 점은 사슬로 이어진 구조가 기존과 많이 다르다는 점이다.

그림에서 보다시피 기존 거래 방식은 중심에 은행과 같은 중앙 관리 기관이 있다. 사람들은 아무리 적은 돈이라도 이 중앙 관리 기관을 통해야 돈을 주고받을 수 있다. 이에 반해 블록체인 방식에는 은행과 같은 존재가 없다. 모든 거래가 개인 간에 이뤄지는데, 이때 모든 거래 장부를 네트워크 참여자들에게 분산하여 관리되도록 한다. 예를 들어 A가 B에게 송금한다고 해보자. 송금 거래 정보가 온라인에서 블록 형태로 생성된다. 이 블록은 거래에 참여하는 모든 사람에게 전송된다. 참여자들은 거래 정보의 유효성을 상호 검증한다. 모든 참여자가 이상 없음을 확인한 후 거래가 실행된다.

블록체인의 위력은 안전성, 투명성, 경제성, 신속성으로 요약된다.

먼저 굉장히 안전한 거래 시스템이다. 만일 누군가의 정보가 위조된 경우, 나머지가 가진 정보와 다르기 때문에 바로 드러난다. 네트워크의 모든 참여자들의 검증과 승인을 받아야 하는 구조는 사실상 거래 장부의 위조, 변조를 불가능하게 만든다. 정보가 네트워크 참여자 모두에게 분산되어 관리되기 때문에 어떤 거래정보를 조작하려면 모든 참여자의 컴퓨터를 해킹해서 블록체인 전체를 똑같이 조작해야 하는 비현실적인 작업이 필요하다. 따라서 블록체인은 거래의 안전성과 투명성이 보장된다. 또한 중앙 관리 기관이나 중개자 등 중간 절차가 없기 때문에 수수료를 낮출 수 있고, 거의 실시간으로 송금이 가능하다.

지금은 대체로 비트코인Bit Coin이나 이더리움Ethereum과 같은 가상 화폐 거래에 적용되고 있다. 하지만 앞으로는 금융, 유통, 물류, 게임, 의료 등 거래가 이루어지는 모든 영역에서 이 시스템이 적용될 것이다.

지금까지 전 세계 시장은 물론 당장 우리의 일상을 근본적으로 바꿀 위력이 있는 기술들을 살펴봤다.

토머스 프레이는 시장에는 변하는 것과 변하지 않는 것이 있다고 했다. 아무리 특별한 기술이 등장해서 세상을 깜짝 놀래킨다 해도, 사실상 변화가 거의 없는 경우도 많다는 것이다.

통찰은 이를 구분하는 데에서 나온다. 앞으로도 더 큰 영향력을 가진 기술들이 점점 더 우리에게 가까이 다가올 것이다. 우리는 이로 인해 무엇이 바뀔 것이며, 무엇이 그대로일지를 알아야 한다. 바로 그것이 다가오는 급격한 변화를 이해하는 핵심이 되기 때문이다. 지금은 이러한 변화에 예의 주시해야 할 때다.

3장

비범한 해석이 비범한 역량을 낳는다

해석의 영역 Interpretation

Technology Quotient

해석의 전쟁이
시작됐다

우리는 신기술의 홍수 속에 살고 있다. 하루가 멀다 하고 새로운 기술이 쏟아진다. 앞으로는 더 많은 신기술이 등장할 것이다. 모두들 한 번도 보지 못한 기술들에 놀라워하는 가운데 이렇게 묻는 사람도 있다.

"그래서 그게 나하고 무슨 상관인데?"

언뜻 철없어 보이지만, 이는 4차 산업혁명 시대에 경쟁력을 쌓기 위한 가장 중요한 물음 중 하나다. 쉴 새 없이 쏟아지는 기술과 아이디어가 자신에게 어떤 의미인지 해석할 수 없다면 그것을 자기 것으로 만들 수 없기 때문이다. 따라서 해석 능력은 기술지능의 중요한 영역이다.

해석을 굳이 지능의 영역에 포함시키는 데는 이유가 있다. 여기서 해석이란 영문을 독해하듯 드러난 문맥을 읽고 의미를 파악하는 능력을 의미하지 않는다. 신기술이 발표됐을 때 이것이 자신에게 어떻게 적용될 수 있을지를 생각하고 얼마나 창조적으로 비범하게 접근하느냐를 의미한다. 기술을 어떻게 해석하느냐에 따라 그 기술에서 끌어내는 가치가 달라진다. 즉 기술의 가치는 해석이 만든다.

2014년, 구글이 실리콘밸리의 스타트업 하나를 인수했다는 소식에 언론과 시장이 깜짝 놀랐다.

첫째는 상상을 초월하는 인수 금액 때문이었다. 무려 32억 달러, 우리 돈으로 4조 원에 가까웠다. 그것도 전액 현금이었다. 구글은 2006년에도 유튜브를 16억 5,000달러에 인수해 화제가 됐는데, 그 두 배다.

둘째는 이렇게 큰돈을 들여 인수한 회사가 첨단 장비 회사나 핵심 알고리즘을 가진 회사가 아니라 5센티미터 정도 되는 온도조절기를 만드는 회사였기 때문이다.

네스트랩스Nest Labs는 애플에서 아이팟을 개발한 토니 퍼델Tony Fadell 과 맷 로저스Matt Rogers가 2010년에 만든 회사다. 구글이 인수할 당시 직원이 300명 정도 됐는데, 대다수가 애플 출신이라 '작은 애플'이라고도 불렸다.

구글이 네스트랩스를 인수한 이유는 얼마 지나지 않아 드러났다. 네스트랩스의 온도조절기는 집 중앙에서 거주자의 행동 패턴 데이터를 수집해 자가학습self-learning한 다음 거주자에 맞춰 집 안 온도를 조절해 준다. 그런데 구글이 해석한 네스트랩스의 가치는 그 이상이었다. 코앞으로 다가온 스마트 홈 시대를 선점하는 데 있어 이 작은 기기가 결정적인 교두보 역할을 하리라 본 것이다.

홈 디바이스 플랫폼은 집에 있는 수많은 기기들과 잘 연결돼 있어야 한다. 그런데 네스트 온도조절기는 텔레비전, 냉장고, 화재경보기 등 50종류 이상의 제품과 연계되며, 이들 기기를 손쉽게 조작할 수 있도록 돕는다.

또한 네스트 온도조절기는 인공지능 기능이 탑재된 스마트 제품이다. 스마트가 뭔가? 판단 없이 작동하던 기기가 이제는 사용자가 누구고, 뭘 좋아하는지 파악해 사용자에게 가장 좋은 환경을 제공하는 것이다. 사용자가 잠들면 텔레비전을 알아서 꺼주고, 전기레인지를 끄지 않고 외출하면 알아서 꺼주고, 집에 도둑이 들면 자동으로 보안 회사에 신고하는 등 똑똑한 집안 살림꾼이 돼야 한다. 모든 가전제품이 스마트하게 작동하도록 컨트롤 타워 역할을 해야 한다. 구글은 이미 만들어진 인공지능 온도조절기를 똑똑한 홈 디바이스 플랫폼으로 변신시켜 거대한 스마트 홈 시장을 선점하려 한 것이다.

네스트랩스의 가치는 이뿐이 아니다. 구글은 도시 전체의 에너지 사용량과 전기료를 컨트롤하겠다는 흥미로운 시나리오를 세웠다. 네스트랩스는 사람들이 에어컨을 사용하는 패턴을 알기 때문에, 사용자에게 필요한 만큼만 전력을 공급할 수 있다. 사용자가 집에 있는 동안에는 집 안 온도를 가장 쾌적하게 조절하고, 나머지 시간에는 전기를 아낀다. 도시 전체가 이렇게 전기를 아낀다면 그 효과가 엄청날 것이다.

이런 결과를 가장 원하는 곳이 어디일까? 바로 전력 회사다. 여름철 에너지 과잉 사용은 전력 회사의 가장 큰 고민 중 하나다. 그런 점에서 구글은 전력 회사와 좋은 거래를 할 수 있다. 네스트랩스로 전력 회사에 절실한 에너지 절감 문제를 해결해주고, 그 보상으로 네스트랩스 사용자들에게 전기료를 할인받게 해주는 것이다. 실내 온도를 알아서 맞춰주는 데다가 전기료까지 아껴주는 네스트랩스를 싫어할 사람이 있을까?

이제 생각해보자. 네스트랩스가 생산하는 물건을 세상 사람들은 온도조절기로 여겼고, 구글은 스마트 홈 시장, 보안 시장, 전력 시장에서 활약할 물건으로 내다봤다.

해석에 차이가 있었다. 실리콘밸리 스타트업의 인수 비용은 일반적으로 연 매출의 1.5~2배 정도다. 구글은 네스트랩스의 연 매출인 3억 달러보다 무려 열 배나 많은 돈을 냈다. 이는 5센티미터 크기의 작은 기기에서 거대한 미래 시장을 읽은 구글의 통찰력이 얼마나 큰지 알려주는 액수라고 봐도 될 것이다.

대담한 해석이 필요한 이유

4차 산업혁명 시대에는 신기술이 산업의 구조를 전면적으로 개편하는 일이 흔할 것이다. 2차, 3차 산업혁명을 거치며 만들어진 규칙이 새로운 혁명으로 파괴될 것이다. 그리고 이런 변화는 선형적이거나 예측 가능하지 않고, 단절적이면서 불규칙적이다.

급변하는 환경은 생각하지 않고 과거와 똑같은 관점으로 해석한다면 당연히 진부할 수밖에 없고, 그 아이디어는 도태된다. 파괴의 시기에 살아남으려면 스스로를 파괴할 줄 알아야 한다. 낡은 것을 파괴, 도태시키고 새로운 관점으로 세상을 해석하는 능력이 필요하다.

일론 머스크는 자동차 비즈니스에 대한 시장의 상식과 고정관념을

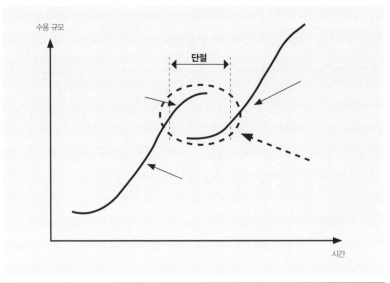

수용 규모

단절

시간

출처: Radical Innovation(Richard Leifer)

전면적으로 깨부수고, 원천적으로 다른 새로운 해석을 내놨다. 테슬라 자동차와 기존 자동차의 가장 큰 차이점이 뭘까? 바로 인터넷이다. 인터넷으로 데이터를 수집하고, 차량에 소프트웨어를 공급한다. 마치 바퀴 달린 스마트폰 같다.

모델S의 경우, 계기판과 센터페이서가 아이패드 같은 태블릿을 그대로 옮겨놓은 것 같은 모양이다. 계기판 정보 창도 스마트폰처럼 메뉴를 터치해 기능을 찾아 들어간다.

그뿐 아니다. 소프트웨어로 모든 것을 바꿀 수 있다. 일반적인 자동차는 성능을 개선하거나 옵션을 바꾸려면 자동차 공업소에 가야 한다. 그런데 모델S는 그럴 필요가 없다. 인터넷으로 소프트웨어를 다운받으면 자동으로 업그레이드된다. 'OTAOver The Air'라는 방식이다. 교통 상황을 인식해 자동으로 속도를 조절하는 크루즈 컨트롤, 차선 유지 지원 시스템Lane Keeping Assist System, LKAS, 자동 주차 시스템, 오토 하이빔 등과 같은 기능을 자동차에 앉아서 소프트웨어를 업데이트함으로써 개선할 수 있다. 심지어 자율주행 기능까지 인터넷 다운로드 방식으로 업데이트할 수 있도록 설계했다.

이렇게 전혀 새로운 제품이 시장에 등장하면 어떤 일이 벌어질까? 여러 산업을 뿌리부터 뒤흔든다.

리서치 회사 CB인사이츠CB Insights가 예측한 자율주행차가 파괴시킬 산업 몇 가지를 소개해볼까 한다.

먼저 보험이다. 자율주행차는 미국에서 일어나는 교통사고를 지금의 10퍼센트 이하로 줄일 것이다. 자동차 사고 위험이 제로에 가까워지면 다들 자동차 보험을 들지 않을 것이다. 결과적으로 보험 산업은 축소될 수밖에 없다.

또 다른 산업은 자동차 정비다. 앞서 살펴본 대로 가까운 미래에는 인터넷으로 소프트웨어를 업데이트시키는 방식으로 자동차 성능을 향상시킬 것이기 때문에 정비공의 도움이 더 이상 필요 없다. 게다가 전기차는 엔진 등 부품 수가 기존 자동차의 10분의 1밖에 되지 않기 때문에 고장 날 가능성 자체가 낮다. 또 고장을 예방하는 소프트웨어가 자동차 정비 수요를 더욱 낮출 것으로 보인다.

자율주행차는 사람을 대신해 운전해주기 때문에 트럭이나 택시를 운전하는 서비스 업종 역시 축소될 것이다. 스타트업 오토XAutoX는 이

미 2016년 10월, 193킬로미터를 달려 버드와이저 5만 캔을 미국 콜로라도주 스프링스로 배송하는 데 성공했다.

캐나다의 석유 회사 선코에너지Suncor energy는 오일샌드 채굴 현장에 운전자 800명 대신 자율주행 트럭을 투입할 계획을 갖고 있고, 호주의 광산 회사인 리오틴토Rio Tinto는 철광석을 나를 때 사람 대신 자율주행 트럭이 일한다.

자율주행차는 호텔 산업에도 영향을 줄 것이다. 아우디의 브랜드 전략 부사장인 슈벤 슈비르트Sven Schuwirth는 20년쯤 뒤에는 자동차가 이동식 아파트 역할을 해서 호텔 대신 차에서 자는 사람이 늘어날 것이라고 전망했다. 예를 들어 새벽에 뮌헨에서 베를린까지 간다고 하자. 그럼 자율주행차가 알아서 갈 테니, 사람은 그동안 잠을 자거나 회의를 준비하거나 친구 혹은 가족에게 전화하는 등 느긋하게 하고 싶은

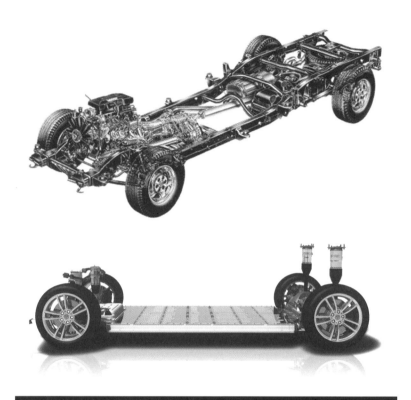

일반 자동차(위)와 테슬라 자동차(아래) 비교

일을 하면 된다.

그다음은 대중교통이다. 자율주행차가 알아서 집 앞으로 데리러 와서 목적지에 정확히 가준다면 사람은 당연히 버스를 기다리지 않을 것이다.

부동산 시장에도 영향을 줄 것이다. 자율주행차 덕분에 통근이 빠르고 쉬워지기 때문에 사람들이 시내를 벗어나 교외로 가서 살게 된다. 교통이 편리한 곳에 집이 있을 필요가 없어지는 것이다.

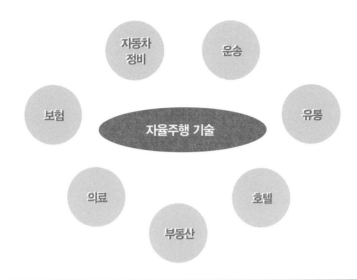

마지막은 의료 산업이다. 미국의 경우, 자동차 사고로 인한 의료 수익이 연간 5,000억 달러다. 자율주행차 덕분에 사고가 줄어들면 이 금액 역시 줄어들 것이다.

이렇게 자율주행차의 등장으로 다양한 산업이 요동칠 것이고 그 과정에서 수많은 일자리와 회사가 사라질 것이다.

맥락 이해가 해석의
관건이다

산업이 구조적으로 변하는 시기에는 변화의 맥락을 정확히 짚어야 한다. 특히 혁신적인 기술이 등장해 시장구조가 바뀌는 과정을 잘 이해해야 한다.

이것이 중요한 이유는 시장구조의 변동을 파악하는 것이 쉽지 않기 때문이다. 신기술로 인해 시장이 와해되는 과정은 처음부터 요란하지 않다. 땅을 뒤덮는 쓰나미도 먼바다에서 몰려오는 동안에는 해안가에 잔물결만 칠 뿐 고요하다. 잔바람만으로 쓰나미의 전조인지 아닌지를 해석해야 하니 쉽지 않다. 어쨌거나 4차 산업혁명 시대에는 신기술의 등장과 산업 파괴가 끊임없이 이어질 테니 이러한 변화의 메커니즘을 잘 파악해야 한다.

그런 점에서 클레이턴 크리스텐슨Clayton Christensen 하버드경영대학원 교수가 소개한 와해성 혁신의 메커니즘은 우리에게 중요한 시사점을 준다. 크리스텐슨 교수가 설명한 와해성 기술이 기존 기업들을 시장에서 소리 없이 몰아내는 과정은 다음과 같다.

소비자가 항상 지금보다 더 좋은 제품을 원할 것 같지만 실제로는 그렇지 않다. 한번 생각해보자. 산업 초기에는 시장에 공급되는 제품의 성능이 아직 보잘것없다. 사람들의 기대를 채우지 못한다.

하지만 곧 역전 현상이 일어난다. 기술은 빠르게 발전하는 반면 소비자의 욕구는 천천히 커지기 때문이다. 이윽고 성능에 대한 소비자의 니즈가 과도하게 충족되는 상황이 발생한다. 제품이 계속 좋아지는데도 소비자가 개선된 기능을 모두 쓰지 않는 때가 찾아오는 것이다. 삼성전자의 갤럭시S 시리즈만 해도 벌써 여덟 번이나 업그레이드되면서 계속 새로운 기능이 추가됐지만, 사람들이 실제로 사용하는 기능은 크게 달라지지 않았다.

이렇게 되면 기존 기술력이 응축된 제품보다 많이 부족하지만 소비자의 눈길을 끄는 전혀 새로운 개념의 제품이 인기를 얻는다. 소비자가 성능이 뛰어난 제품이 아닌 열등한 제품을 선택하는 역설적인 상황이 발생하는 것이다.

와해성 혁신은 이렇게 기존 기술보다 열등한 기술에서 시작한다. 새로운 기술이 기존 기술을 밀어내고 시장을 지배하면 사람들은 무의식적으로 새로운 기술이 엄청나게 뛰어나다고 생각한다. 하지만 크리스텐슨 교수에 의하면 새로운 기술은 기존 기술을 성능 면에서 뛰어넘지 않은 채 시장을 파괴해버린다.

이런 와해성 혁신의 특징을 고스란히 보여주는 것이 바로 아이폰이다. 아이폰은 2007년 6월 29일 세상에 모습을 드러냈다. 당시 휴대폰 시장은 노키아와 모토로라Motorola가 지배했다. 모든 업계의 관심사는 휴대폰의 크기를 줄이고, 통화가 중간에 끊기는 콜 드롭Call Drop을 줄이는 것이었다. 그런데 아이폰은 너무 큰 데다, 무겁기까지 했다. 심지어 애플이 선택한 통신사 AT&T는 콜 드롭이 심해 곤혹을 치르는 중이었다. 노키아가 이미 3G 휴대폰을 내놓은 데 비해 아이폰은 2G였다. 데이터 처리 능력이나 카메라 성능 등도 다른 경쟁사에 비해 뒤떨어졌

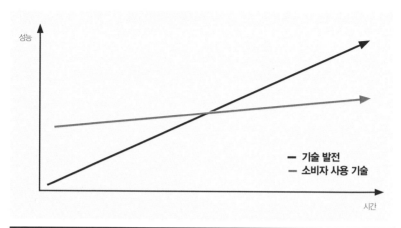

성능

━ 기술 발전
━ 소비자 사용 기술

시간

기술과 시장의 변화

출처: The Innovator's Dilemma(Clayton M. Christensen)

다. 아이폰은 그야말로 열등 제품이었다. 그럼에도 결과적으로 아이폰이 휴대폰 시장을 재편했다.

과연 스티브 잡스는 어떻게 해서 이런 결과를 얻었을까?

스티브 잡스는 아이폰을 휴대폰이라는 카테고리에 넣지 않았다. 실제로 그가 당시에 해석한 아이폰의 콘셉트는 바로 '아이팟의 차세대 제품'이었다. 아이폰을 휴대폰이 아니라 MP3 기기인 아이팟에 전화 기능을 추가한 신제품으로 해석한 것이다. 그러자 사람들은 전화기로서의 결함을 두고 비판하지 않았다. 아이폰은 이렇게 휴대폰으로서 열등했음에도 불구하고 심미적 디자인과 스마트 기능 등을 통해 사용자들의 삶 속에 빠르게 파고들었다.

결과적으로 애플은 소리 없는 파괴를 거쳐 시장 지배자로 자리매김했다. 반면에 당시 독보적 선두 기업이었던 노키아는 이 흐름을 제대로 해석하지 못해 몰락했고, 결국 2013년에 마이크로소프트에 인수됐다. 모토로라 역시 2014년 모빌리티 사업부를 레노버^{Lenovo}에게 넘겨야 했다.

포지셔닝도
해석의 문제다

스티브 잡스가 아이폰을 아이팟의 차세대 제품이라 강조했듯이 포지셔닝은 해석의 영역이다. 새로운 아이디어를 시장에 내놓을 때 포지셔닝을 어떻게 하느냐에 따라 그 성과도 천차만별이다.

2017년 6월 실리콘밸리에 가보니 다양한 스타트업이 그 어느 때보다 활발하게 와해성 혁신을 일으키고 있었다. 그중 가장 눈에 띈 회사가 바로 다이버전트3D였다. 케빈 징어 다이버전트3D CEO와 만나 이야기를 나눠보니, 그는 2011년에 창업할 때부터 회사와 제품을 어떻게 포지셔닝할 것인지 철저하게 고민했다고 한다. 그 결과, 대담하고 남다른 해석을 해냈고 이를 바탕으로 2016년 말 출시한 블레이드^{Blade}를 포지셔닝했다.

먼저 산업구조에 대한 해석이 돋보인다. 케빈 징어는 1970년대 반도체 산업의 변화에서 교훈을 얻어야 한다고 강조했다. 당시 모두가 반도체 기술에 엄청난 잠재력이 있다는 것을 알았다. 하지만 칩의 회로 수가 매우 적었고, 복잡한 회로를 필요로 하는 기기가 극히 적었기 때문에 아무도 수준 높은 신제품을 개발하지 않았다. 결과적으로 반도체 산업은 장밋빛 전망만 나돌 뿐 본격적인 개발이 이뤄지지 않는 정체기를 겪었다.

1973년, 일부 전문가들이 '반도체 산업의 기술 로드맵'을 그리기 시작했다. 반도체 기술의 발전 가능성을 보여주고, 수요를 만들어내기 위해서였다. 좋은 반도체 제품을 개발하면 5~7년 안에 데스크톱의 호황에 편승해 지배력을 확대할 수 있다고 강조했다. 반도체업계는 이 로드맵을 지속적으로 업데이트하며 기업과 전문가에게 공유했다. 결과적으로 반도체 산업은 이후 정체를 겪지 않았고, 오늘날 삼성이나 애플의 스마트폰에 들어가는 파워풀한 반도체 칩이 나오게 됐다.

지금 자동차 산업이 그렇다. 기존의 자동차 생산 기술은 이미 최적화의 마무리 단계에 도달했다. 시장이 신제품을 어떻게 받아들일지 알지 못한 채로 대규모 시설을 지어야 한다. 대량생산을 기본으로 하는 전통적인 제조업에서 대규모 시설 없이는 수익성을 올릴 수 없기 때문이다. 디자인 하나를 만들어 수천수만 대에 똑같이 적용한다. 결국 디자인에 유연성이 떨어지고, 재료를 복합적으로 활용할 수 없으며, 거대한 스케일이 충족되는 제품만 만들 수 있다.

이런 상황에 전기차 시대가 오고 있다. 자율주행차도 곧 상용화될 것이다. 특정 소비자의 기호에 맞추어 소량 생산해야 하는 자동차를 대량생산 방식으로 일괄 제작하는 것은 생각만 해도 오싹하다. 성공 가능성도 매우 낮다.

케빈 징어는 이런 변화를 읽고 산업구조에 근본적인 결함이 있다는 것을 깨달았다. 그리고 더 이상 기존 성공 모델에 의지할 수 없다는 결론을 내렸다. 이제 사람들은 대량으로 생산되는 표준화된 자동차를 원하지 않는다. 각자의 기호에 맞춰주기를 바란다. 전혀 새로운 차량 기술과 더 짧은 제품 주기를 갈망한다. 이러한 시대 흐름의 해석을 기반으로 그는 전혀 새로운 방식의 자동차 생산 방식을 고민하기 시작했다.

그러던 중 2010년이 지나자 새로운 기술, 새로운 제조 방식에 대한 전망이 쏟아지기 시작했다. 케빈 징어는 이때 금속 3D 프린팅에 관심을 갖게 됐다. 케빈 징어는 다음과 같이 생각했다.

"이 산업은 1973년 반도체 산업이 로드맵을 구축했던 것과 같은 혜안이 부족한 상황이다. 만약 우리 팀이 자체적으로 그런 로드맵을 구축해보면 어떨까?"

케빈 징어는 3D 프린팅이 바꿀 자동차 산업의 로드맵을 그렸다. 앞으로는 레이저를 하나가 아니라 여러 개 탑재한 프린터가 나오리라 예상했다. 다이버전트3D는 하드웨어 회사인 SLM솔루션즈SLM Solutions에 기술 발전 로드맵을 제시해 제휴를 맺고, 6년 동안 연구한 끝에 레이저 네 개가 장착된 프린터를 개발해냈다. 앞서 설명했듯이 이 프린터의 금형 출력 속도는 기하급수적으로 빨리 성장했다. 그리고 지금도 성장을 멈추지 않고 있다.

다이버전트3D는 앞으로 무엇을 향해 나아갈까? 자동차는 크게 차체Body와 차대Chassis로 나눌 수 있다. 차체는 범퍼, 지붕, 옆판, 바닥 등 껍데기다. 차대는 엔진, 동력전달장치power train, 조향장치steering, 브레이크 등 자동차가 주행하는 데 필요한 장치의 모음이다. 자동차 산업에서는 차대, 즉 섀시가 기술력의 결정판이고 진입 장벽이다. 제품 주기가 길고 자본 집약적인 섀시를 빠르고 쉽게 만들 수 있다면 자동차 제조의 상당 부분이 해결되는 셈이다.

다이버전트3D는 이 섀시를 저렴하고, 사용자의 필요에 최적화되며, 가볍고, 환경 영향이 적게 만들어내고자 한다. 가볍고 강한 섀시를 만들어 기름이 아닌 배터리로 이동하는 전기차의 주행 거리를 늘리고자 한다. 생산 과정에서 더 적은 에너지와 더 적은 소재를 소모해 환경에 좀 더 친화적이고자 한다. 무엇보다 싸고 금방 만들기 때문에 자동차의 섀시 교체 주기를 훨씬 앞당긴다. 다이버전트3D는 이렇게 만든 섀시를 자동차 회사에 싸게 팔아 자동차를 소비자 가전제품화하는 데 기여할 것이다.

중요한 점은 다이버전트3D가 단지 자동차 회사만을 고객으로 상대하지 않는다는 점이다. 섀시와 같은 마더보드는 우주 항공 분야의 위성 제조에도 쓰인다. 또한 마더보드를 빠르고 효율적으로 만드는 것은 항공기 제조사의 경쟁력이 된다. 이들 모두 다이버전트3D의 고객이다.

운송과 관련한 다양한 업종에 효율적으로 섀시를 제조하는 혜택을 제공하고, 이를 통해 소비자가 제품을 선호할지 외면할지도 모른 채 거대한 자본을 선행 투자해야 하는 기존 제조 방식의 불합리성을 해결한다. 결과적으로 후속 기술 개발을 촉진시키는 지렛대 역할을 하게 될 것이다.

적절한 비즈니스 모델에 대한 해석도 흥미롭다. 다이버전트3D는 기하급수적 성장을 가능하게 하는 제품 판매 방식을 고안해냈다. 이 회사가 구상하는 향후 비즈니스 모델은 거대 통신 기술 기업인 퀄컴과 유사하다.

퀄컴은 전체 이동통신 시스템에 관한 기술을 다량 갖고 있고, 고객사에게 포괄적 라이선스만을 제공한다. 다이버전트3D 역시 시스템을 개발한 다음 소프트웨어와 시스템 관련 특허의 라이선스를 배포할 것이다. 다이버전트3D는 섀시를 주력으로 개발하지만, 이 회사가 미래에 팔고자 하는 것은 제품 자체가 아니라 3D 프린팅을 통해 제품을 빠르게 만드는 기술이다.

케빈 징어는 꾸준히 3D 프린팅 제조 시스템을 개발하며 특허 포트폴리오를 강화해나가고 있다. 시스템을 꾸준히 업그레이드하고, 기존의 주요 자동차 메이커는 물론, 신규 자동차 시장 진입 회사, 주요 기술 및 가전제품 회사 등의 환경에서도 작용할 수 있는 시스템을 구현했다. 다이버전트3D는 2020년까지 라이선싱 회사로 빠르게 성장해나갈 계획이다.

싸고 효율적인 3D 프린팅 제조 방식을 팔면 수백 개 회사들이 이 노하우를 단기간에 수용해 저비용으로, 보다 빠르게 다양한 차량을 디자인하고 만들 것이다. 자동차뿐 아니라 우주선, 항공기 같은 비전통적인 운송 수단 제조 회사도 가세할 것이다.

이것이 바로 기하급수적 성장을 추구하는 요즘 실리콘밸리 스타트업들의 전형적인 단면이다.

시장의 불완전성과
재해석된 대안

데이비드 요피 하버드경영대학원 교수는 빠르게 변하는 시장에서 제대로 된 기회를 알아차리기란 결코 쉽지 않다고 했다. 하지만 거대한 성장의 기회를 찾는 방법이 아예 없는 것은 아니라고도 말했다.

기회는 언제나 불완전한 곳에서 생깁니다. 우리 주변에서 지금 제대로 돌아가지 않는 부분이 어디인지 찾아내야 합니다. 예리한 통찰력으로 그것을 감지해내고 그 불완전한 영역에 새로운 솔루션을 제공할 수 있다면 거대한 기회를 만들 수 있습니다.

시장에서 불완전한 영역을 찾아 이를 재해석하는 능력이 기회를 얻게 해준다는 말이다.

우버를 창업한 트래비스 캘러닉이 바로 여기에 해당된다. 불과 몇 년 전만 해도 우리는 우버 같은 비즈니스를 떠올리지 못했다. 택시 산업은 지난 75년간 거의 변화가 없었다. 그러나 문제는 있었다. 택시를 잡기 힘들 때가 많았다. 운전기사를 믿기 어려울 때도 있었다. 깨끗한 택시는 별로 없고, 모범택시는 비쌌다.

트래비스 캘러닉은 이런 문제가 왜 오랫동안 해결되지 않은 채 남아 있는지 의문을 가졌다. 그리고 시장구조와 소비자 경험을 근본적으로 바꿀 방법을 찾아냈다. 바로 공유 경제 개념을 택시 사업에 접목한 것이다.

군이 택시로 등록할 필요 없이 누구나 일반 자가용을 우버 차량으로 등록할 수 있다. 우버 등록자가 많아져서, 택시를 잡는 것보다 더 빨리 우버 차량을 불러 탈 수 있다. 심지어 택시가 잘 다니지 않는 주거 지역에서도 우버 차량은 만날 수 있다.

여성에게 안전은 매우 중요한 문제다. 우버는 운전자 평가 기록을 공유해 운전자가 믿을 만한지 미리 확인할 수 있다.

직접 운전하지 않아도 되니 개인적인 시간이 늘어나고, 특히 주차난이 심각한 곳에서 주차할 곳을 찾아 헤매지 않아도 된다.

비싼 택시비 대신 약간의 수고비 정도만 주면 되니 돈도 아낄 수 있다. 실제로 미국에서는 LA, 뉴욕, 샌프란시스코 등 주요 도시에서 출퇴근할 때 자가용을 운전하는 것보다 우버를 이용하는 편이 오히려 돈이 덜 드는 것으로 나타났다.

우버 차량 운전자도 새로운 기회를 얻는다. 택시를 운전할 때보다 훨씬 많은 사람을 태울 수 있고, 운전이 본업이 아닌 사람도 돈을 벌 수 있다.

이렇게 장점이 많다 보니 시장이 폭발적으로 성장했다. 이를 통해 우버는 전략적 변곡점을 만들었다. 물론 세계로 진출하는 과정에서 그 나라의 규제를 받거나 마찰을 일으키는 등 갈등도 생겼지만, 전 세계 택시 산업을 재편하고 있다. 트래비스 캘러닉은 택시 사업을 공유 경제의 개념으로 재해석해 거대한 기회를 만들어냈다.

소셜미디어 회사인 스냅의 창업자 에반 스피겔 역시 재해석의 천재다. 그는 이미 포화 상태인 소셜미디어 시장을 새로운 관점으로 바라봤다. 그는 페이스북을 '좋아요'만 있는 공간이라고 평가했다. 극단적으로 말해 과시용이란 것이다. 사람들 사이에 이야기는 활발하게 오갔지만, 대부분 표면적인 감정을 나눌 뿐이었다. 실제 삶에는 우울하고 어두운 면도 있는데, 페이스북에는 이런 모습을 드러낼 수 없었다. 정신 건강을 위해서는 기쁘고 즐거운 감정뿐 아니라 슬프고 아픈 감정까지도 있는 그대로 표현할 수 있어야 하는데, 페이스북은 감정을 자유롭게 표현할 수 있는 공간이 아니었다. 마음속 생각을 그대로 올렸다가 나중에 후회하는 일이 많기 때문이었다.

에반 스피겔은 페이스북의 이런 성격 때문에 충족되지 않는 니즈가 있음을 알아차렸다. 그리고 대안을 만들었다. 바로 10초가 지나면 사진이 사라지는 소셜미디어다. 어찌 보면 대수롭지 않은 단순한 플랫폼이다.

그런데 이 단순한 아이디어가 이미 포화 상태인 소셜미디어 시장에 격동을 일으켰다. 아무 기록도 남지 않는다는 개념이 사람들에게 그동안 채워지지 않은 니즈, 즉 솔직한 이야기를 마음껏 할 수 있는 기회를 준 것이다.

사람들은 순간순간의 자기 감정과 경험을 표현하기 위해 수시로 스냅챗Snapchat에 들어왔다. 스냅챗은 다른 앱들과 달리 출시 초기에 페이스북 마케팅을 거의 하지 않았다. 언론 홍보도 적극적이지 않았다. 그럼에도 불구하고 감정을 발산할 창구를 찾던 10대들 사이에서 인기를 끌기 시작했고, 곧 다른 연령층에까지 빠른 속도로 퍼져나갔다.

이처럼 해석의 역량은 거대한 가치를 만들어내는 중요한 요건이다. 새로운 기술이 자신에게 주는 의미를 창조적으로 해석하고, 기술에 의해 변화하는 맥락을 해석해 현명하게 대처하고, 특히 주변에 숨어 있는 불완전성을 찾아내 참신하게 재해석한 대안을 제시할 수 있어야 한다.

이러한 해석의 역량은 기술지능의 기본적인 역량인 동시에 나머지 역량들이 제 역할을 할 수 있도록 돕는 기반이 된다.

산업구조가 바뀌는 시점, 어떻게 해석할 것인가

새로운 기술이나 혁신적인 비즈니스 모델이 등장해 자신이 속한 산업의 구조를 전면적으로 바꿀 때 어떻게 대응하면 좋을까? 환경 변화에 따른 대응 방안을 모색하는 것 또한 중요한 해석의 영역이다.

변화에 둔감해 아무 대책도 세우지 않는 것을 가장 주의해야 한다. 반대로 종말론적 자세로 지나친 몸을 사리는 것 또한 바람직하지 않다.

역사가 오래된 대기업일수록 움직임이 둔하면서, 변화에 따라가지 못하는 것에 지나친 위기감을 느끼는 경향이 있다. 그런데 사실 변화 속에서 취할 수 있는 행동은 생각보다 매우 다양하다. 게다가 우월한 신기술은 무조건 좋고, 기존 기술은 도태된다고 이분법으로 생각할 필요도 없다. 신기술을 빠르게 도입해 성공을 거둔 회사도 많지만, 기존 방식을 고수해 좋은 성과를 거둔 회사도 있다.

경제학적으로 볼 때 새로운 기술이 도입돼도 잔여 수요는 항상 있다. 기존 제품을 교체해야 하는 수요도 항상 있다. 잔여 수요 혹은 교체 수요를 가진 회사를 비용 면에서 잘 경영하기만 해도 아주 오랫동안 성공적으로 운영할 수 있다. 요는 산업구조가 요동칠 때 기업이 취할 수 있는 방법이 생각보다 많음을 알아두는 것이다.

마이클 쿠수마노Michael Cusumano MIT 경영대학원 교수는 산업이 급변할 때 기업이 취할 수 있는 전략적 행동을 다섯 가지로 정리했다.

첫 번째는 받아들이고 확장한다. 새로운 기술이 우월하고, 받아들이지 않으면 도태되기 때문에 기술을 수용하는 것이 최선인 상황이다. 새로운 기술과 비즈니스 모델을 완전히 받아들이고 자기 것으로 만들겠다는 의지가 필요하다. 뒤에서 다시 다루겠지만, 역량을 더욱 증폭시켜서 남보다 더 잘하는 것이다.

대표적인 예가 안드로이드 스마트폰 사업에 뛰어들었을 때의 삼성전자다. 삼성전자는 안드로이드를 그대로 받아들였다. 선발 주자도 아니고, 사실 꽤 늦게 뛰어든 상태였다. 하지만 받아들이고 확장했다. 결국은 역량을 빠르게 증폭시켜 모바일 기기 분야에서 선두가 됐다.

두 번째는 틈새시장으로 후퇴한다. 근본적인 변화가 너무 커서 도저히 감당하고 따라갈 수 없는 상황이다.

메트로 캡Metro Cab이 이렇게 했다. 메트로 캡은 우버라는 경쟁자가 나타났을 때 보스턴에 있던 택시 회사들 중 가장 잘 대응했다. 우버라는 경쟁자가 보스턴의 택시업계를 장악하기 직전, 틈새시장으로 후퇴한 것이다. 메트로 캡은 기업 고객이 우버를 선호하지 않는다는 사실을 알아차렸다. 기업 고객은 우버가 추가 요금을 받거나, 고정된 스케줄을 받아들이지 않는 점을 싫어했다. 그래서 메트로 캡은 B2B 택시 사업을 구축했고, 우버로부터 스스로를 지켜냈다. 결국 택시 산업 전체의 전환기에도 탄탄한 전략적 입지를 다졌다.

세 번째는 새로운 사업 방식과 정면 대결한다.

메트로 캡이 후퇴를 택한 것과 달리 런던의 블랙 캡Black Cab은 우버의 성장에 굴하지 않고 자체 플랫폼을 구축했다. 그 과정에서 헤일로Hailo, 겟Get이라는 다른 플랫폼과 협력했다. 결국 블랙 캡 네트워크를 구축해 블랙 캡이 오랫동안 제공해온 전통과 편안함을 유지하면서도 우버의 장점까지 고객에게 모두 제공하는 데 성공했다.

네 번째는 패스트 팔로어fast follower가 된다. 정면 대결을 펼치지도, 틈새시장으로 후퇴하지도 않고 새로운 플랫폼이 제공하는 기회를 최대한 이용하는 것이다.

예를 들면 전 세계가 인쇄 매체의 쇠퇴를 경험하고 있는 상황에서 신문사는 어떻게 대응하고 경쟁할 수 있을까? 적어도 현재 잘 대처하고 있는 사례로 〈뉴욕타임스New York Times〉를 꼽을 수 있다. 〈뉴욕타임스〉는 디지털 웹으로 적극 전환한 첫 신문사다. 디지털 제품을 내놓으면서 다른 뉴스 제품과 경쟁에 나서기도 했다.

그런데 이보다 중요한 포인트는 〈뉴욕타임스〉가 몇 년 전부터 독자의 웹사이트 방문이 뉴스의 미래가 아닐 수도 있다는 점을 깨닫기 시작했다는 것이다. 많은 이들의 바람과 달리, 더욱 중요한 것은 소셜미디어를 통한 유통이었다. 페이스북, 인스타그램Instagram, 스냅챗, 트위터 twitter가 뉴스의 통로 역할을 하고 있었고, 〈뉴욕타임스〉는 그런 플랫폼에서 활동해야 한다고 판단했다. 페이스북, 인스타그램을 통해 더 많은 이들에게 다가가고, 거래 비용과 검색 비용을 낮출 수 있다는 장점을 활용하기로 한 것이다. 물론 뉴스의 품질과 〈뉴욕타임스〉라는 브랜드를 유지하면서 말이다. 경쟁한다기보다 자신에게 유리하게 플랫폼을 활용했다고 볼 수 있다.

마지막으로 선택할 수 있는 방법은 피벗pivot 전략이다. 해당 분야에서 경쟁하지 않는 것이 정답이라고 보는 것이다. 다른 회사가 내놓은 새로운 가치 제안이 근본적으로 우월하다면 말이다. 이때는 자신의 역량을 파악하고, 그 역량을 어디에 활용할 수 있을지 고민하고, 새로운 시장을 개척하는 데 집중한다.

HTC는 이런 전략에 따라 가상현실 분야로 진출했다. HTC는 5년 전만 해도 안드로이드 스마트폰의 막강한 경쟁자였지만, 한국의 삼성전자나 중국의 샤오미小米와 같은 산을 넘지는 못했다. 결국 HTC는 한계를 일찌감치 인식하고 회사의 역량을 살릴 수 있는 새로운 시장인 가상현실 분야에 뛰어들어 선도적 업체가 됐다.

결국 중요한 것은 새로운 기술이 산업 지형을 바꿀 때 자신의 위치를 정확하게 파악하고, 앞으로 어떤 포지션을 취해야 하는지 냉정하게 해석하는 자세다.

《순자荀子》〈자도편子道篇〉을 보면 '남상濫觴'이라는 말이 나온다. 배를 띄울 정도로 큰 강물도 그 근원을 찾아 올라가보면 술잔을 띄울 정도로 작은 물이라는 의미다.

산업의 변화도 시작은 미약하다. 지금은 작은 변화가 거대한 혁명으로 이어지는 시기다. 작은 술잔의 물을 보고 거대한 강물을 그려낼 줄 아는 자가 혁명기의 주인공이 된다. 담대하고 정교한 해석이 필요한 시기다. 인간은 스스로 해석한 만큼만 움직인다는 점을 기억하자.

4장

미래 기술을
내 역량으로
만들 수 있는가

내재화 영역 Internalization

탁월한 기술을
자신의 역량으로

기술지능의 핵심은 미래 기술을 활용해 자신의 역량을 증폭시키는 것이다. 우리는 앞에서 잠재성이 무한한 미래 기술을 감지하고, 그것이 자신에게 어떤 가치를 주는지 통찰력 있게 해석하는 것이 중요하다는 이야기를 했다. 이렇게 해서 전도유망한 기술이 뭔지 알았다면, 이제는 내재화가 필요하다. 뛰어난 미래 기술을 자신의 역량으로 만드는 것 말이다. 기술이 아무리 좋더라도 자신이 소화하지 못하면 아무 소용도 없지 않겠는가.

좋은 소식을 하나 말해주자면 우리의 역량을 높여줄 기술이 앞으로 무한정 쏟아져 나올 것이다. 인공지능 기반의 의사 결정 지원 기술도 그중 하나다. 많은 회사가 인간의 의사 결정 수준을 높여줄 인공지능 시스템을 개발하고 있다.

일본의 히타치Hitachi는 기업이 투자나 시장 진출 등과 같은 경영 판단을 내릴 때 도움을 주는 인공지능 의사 결정 시스템을 개발했다. 의사 결정에 대한 근거까지 충실히 제시하는 똑똑한 인공지능이다. 이 인공지능에게 '신기술 투자'에 대한 의견을 물으면 정부와 연구소 등이 쓴 보고서, 기사, 서적 등 120만 권에 달하는 이르는 관련 내용을 2분여 만에 분석해 투자해야 할지, 말아야 할지 각각의 근거를 토대로 투자 보고서를 내놓는다. 전문 컨설팅 회사에서 5~20명이 달려들어 몇 달 동안 해야 하는 일을 알고리즘 하나가 뚝딱 해치운다. 즉 컨설팅 업무를 기업이 아닌, 유능한 알고리즘을 가진 개인이 할 수 있게 되는 것이다. 성과도 알고리즘이 성장하는 만큼 좋아진다.

히타치뿐 아니라 NEC 또한 수요 예측을 통해 소매점 경영을 돕는 인공지능을 내놨다. IBM은 B2B 기업 컨설팅 서비스를 제공하기 위해 왓슨Watson을 강화하고 있다.

의사 결정 인공지능이 어느 정도 상용화되면 이 알고리즘을 취득하는 비용은 가파르게 내려가고, 할 수 있는 일의 범위는 훨씬 늘어날 것이다. 중요한 점은 이런 시스템이 기업용뿐 아니라 개인용으로도 개발된다는 것이다. 그러면 평범한 직장인이 이 알고리즘을 옆에 두고 컨설팅 회사 수준의 전문적인 의사 결정을 내리고, 경영 자문 업무를 할 수 있게 된다. 이 인공지능 기반의 의사 결정 지원 분야는 엄청난 속도로 성장해 2025년 즈음에는 2조 달러에 육박할 것으로 전망된다.

앞에서 이미 살펴봤듯이 3D 프린팅 기술은 개인과 기업의 생산 능력에 전례 없는 혁명을 가져올 것이다. 창의적인 아이디어만 있으면 대규모 생산 라인이 없는 개인도 집에서 개인용 3D 프린터로 제품을 만들 수 있다. 게다가 갈수록 3D 프린터의 성능은 향상되고, 가격은 낮아진다. 누구나 얼마든지 성능 좋은 3D 프린터를 쉽게 손에 넣을 수 있다.

군이 3D 프린터를 살 필요도 없다. 이런 기기를 대여해주는 서비스가 등장했으니 말이다. 실리콘밸리에 있는 테크숍Techshop에 월 이용료 125~175달러만 내면 값비싼 제조 기기들을 무제한 사용할 수 있다.

먼 나라 이야기라고? 우리나라에도 비슷한 서비스가 등장했다. 예를 들어 용산 전자상가에는 '디지털대장간'이라는 한국판 테크숍이 있다. 재료비만 내면 산업용 3D 프린터, 대형 CNC 머신, 레이저 커팅기, 목재 절단기는 물론 강성의 가공물을 절단할 수 있는 플라스마 커팅기 등 총 36가지 장비를 무료로 이용할 수 있다.

요즘에는 제조 알고리즘이 공개된 스마트 제품이 많다. 그러니 개인도 제조 알고리즘을 구해 집이나 테크숍에서 물건을 찍어낼 수 있다. 코딩을 할 줄 안다면 이를 기반으로 더 고도화된 제품을 개발할 수도 있고, 참신한 아이디어가 있다면 사업으로 연결해 새로운 부를 창출할 수도 있다.

예술의 영역을 살펴보자. 소니컴퓨터과학연구소Sony Computer Science Laboratory는 '플로 머신즈Flow Machines'라는 작곡하는 인공지능을 만들었다. 음악 데이터베이스에 담긴 1만 3,000여 곡을 분석한 다음 사용자가 선택한 스타일에 맞춰 곡을 쓴다. 유튜브에 비틀즈 스타일로 작곡된 〈대디스 카Daddy's Car〉 등을 공개했는데, 반응이 나쁘지 않았다.

핵심은 인공지능이 인간만큼 작곡을 잘할 수 있느냐가 아니다. 작곡가가 이 프로그램으로 음악 생산 능력을 엄청나게 증폭시킬 수 있다는 점이다.

예술가는 모든 열정과 감각을 쏟아부어 완벽한 작품을 만들고자 한다. 한편으로 자본주의 사회에서는 작품을 많이 만들어 많이 팔아야 생활을 지속할 수 있다. 이 인공지능은 10분 만에 수십 곡을 쏟아낸다. 물론 인공지능이 인간의 예술성이나 심미적 감각을 따라오는 것은 불가능하다고 본다. 그러나 인공지능이 빠른 시간에 다양한 음악 컬렉션을 만들고, 음악가가 그중에서 일정 수준 이상이 되는 것을 골라 불완전한 부분을 다듬어 완성도를 높이는 방식의 콜라보레이션은 가능하다. 이런 종류의 콜라보레이션은 단기간에 다작을 가능하게 해 작곡 영역에 효율성의 새 바람을 일으킬 것이다.

요리 실력을 높일 수도 있을까? GE가 이끈 '퍼스트빌드First Build'라는 커뮤니티에서는 스마트 쿡탑을 개발했다. 요리를 한 번도 해본 적 없다 해도 이 기기만 있으면 최고 수준의 음식을 만들 수 있다. 예를 들어 파스타를 만들고 싶다고 하자. 그럼 스마트폰으로 이탈리안 최고 셰프의 레시피를 내려받아 쿡탑 용기에 연동시킨 다음 필요한 재료를 넣고 기다리기만 하면 된다. 요리는 이 스마트 용기가 알아서 해줄 것이다.

앞으로는 새로운 음식을 만들어보고 싶을 때 요리법을 배우는 것이 아니라 스마트폰에서 새로운 레시피를 내려받게 될 것이다. 별 필요 없는 기기라는 생각이 드는가? 평범한 가정에서는 그럴지도 모르겠다. 그러나 학교나 병원 등 많은 사람에게 음식을 제공해야 하는 경우라면 이 스마트 용기가 가져다줄 경제적 혜택이 상당할 것이다.

물론 이런 기술들은 아직까지 개발 초기 단계이며, 여러 가지 제약이 있다. 그러나 기술이 발전하는 만큼 인간 역량의 폭 또한 커지리라는 것은 분명하다.

3C,
결국은 궁합이다

아무리 좋은 옷이라도 내 몸에 잘 맞아야 값어치를 한다. 기술도 마찬가지다. 기술로 가치를 만들어내고 돈을 벌기 위해서는 우선 자신에게 잘 맞아야 한다. 기술을 자기 것으로 흡수하려면 궁합fit이 잘 맞아야 한다. 궁합을 이루려면 세 가지가 채워져야 한다. 바로 '일치Consistency', '호환Compatibility', '보완Complementarity'이다. 하나씩 살펴보자.

첫 번째 궁합의 조건은 '일치'다. 기술이 제공하는 가치가 자신이 추구하는 방향과 같아야 한다. 아무리 훌륭한 기술이라도 자신의 목적과 맞지 않다면 소용이 없다. 자기 것으로 만들 수 없다.

아마존을 만든 제프 베조스는 이 일치의 개념을 알고 있었다. 프린스턴대학에서 전기공학을 전공한 그는 일찍부터 기술에 대한 관심과 이해도가 남달랐다. 인공지능 전문가들을 스카우트하는 방식으로 인공지능 기술을 흡수해, 첫 번째 결과물로 에코를 내놨다. 침대에 누워 아마존 인공지능 비서 알렉사에게 지시하면 에코가 전등을 꺼준다. 문득 음악이 듣고 싶다면 알렉사에게 부탁만 하면 된다.

에코의 능력은 이런 간단한 작업에서 끝나지 않는다. 자신의 아이디

가 유출되지 않았는지 물어보면 유출 혹은 해킹 여부를 확인해 알려준다. 피자가 먹고 싶다고 하면 알아서 피자를 주문해줄 뿐 아니라 언제 배달될지 추적해서 알려준다. 우버와도 연결돼 있어 우버 차량을 예약할 수도 있다. 에코에게 시킬 수 있는 일이 1만 가지도 넘는다. 이런 놀라운 기기를 첨단 전자 회사가 아닌 전자상거래 회사인 아마존이 만들었다니 정말 놀랍다.

제프 베조스와 인공지능은 어떤 관련이 있을까?

제프 베조스가 아마존에서 지향하는 것은 전자상거래의 활성화다. 아마존에서 상거래가 많이 일어나도록 모든 수단을 동원하는 것이 사업 방향이다. 인공지능 기술을 도입한 것은 지금까지 생각하지 못한 방법으로 상거래를 일으키기 위해서다. 사람들이 인공지능 비서 알렉사에 익숙해지면, 직접 가게에 가거나 인터넷으로 쇼핑하지 않고 알렉사에게 시킬 것이다. 인공지능 기술은 아마존이 추구하는 바를 지금과는 다른 방식으로 실현한다.

인공지능 기술뿐 아니다. 그동안 아마존이 걸어온 역사를 보면 꾸준히 다양한 기술을 흡수해 새로운 시장을 열었다. 그리고 그 모든 노력

아마존이 만든 인공지능 스피커 '에코'

의 공통적인 목적은 활발한 전자상거래였다. 2007년에는 전자책 단말기 킨들Kindle을 선보이며 모바일 기기 시장에 진출했다. 2011년에는 초저가 태블릿 킨들 파이어Kindle Fire를 출시했다. 사람들이 컴퓨터가 아닌 새로운 기기를 통해서도 아마존에서 구매하도록 만드는 것이 목적이었고, 이 노력은 결실을 맺었다.

아마존은 2004년 이후 20억 달러가 넘게 투자해 클라우드 인프라를 구축해왔다. 2009년 전에 IT 시장에서 클라우드 서비스가 25퍼센트를 차지할 될 것이라는 예상 때문이었다.

처음에는 B2B로 시작했다. 2006년, IT 인프라 자원을 포괄적으로 제공하는 EC2, 인터넷 스토리지 서비스 S3를 내놨다. 2011년에는 개인용 클라우드 서비스로 영역을 넓혀, 클라우드용 미디어 플레이어 서비스를 시작했다. 책, 영화, 음악 등 미디어 콘텐츠가 빠르게 디지털로 변환되면서 클라우드 서비스 의존도가 점차 커질 것을 감지했기 때문이었다. 아마존에서 산 음악을 클라우드 서비스에 저장해놨다가 모바일이든 PC든, 집에서든 사무실에서든 어디에서나 꺼내 듣는다.

아마존은 이렇게 전방위로 기술을 도입해 거대한 시장을 만들어냈다. 매출이 1995년에는 51만 달러에 불과했지만, 2016년 1,360억 달러를 기록해, 20여 년간 무려 25만 배를 증가시키는 기적을 만들었다.

아마존은 목적에 맞게 현존하는 기술을 가장 잘 활용하는 회사다. 회사가 추구하는 방향과 맞지 않는 기술이라면 아무리 개발해도 시너지가 나지 않는다. 무엇보다 지향하는 방향이 분명해야 하고, 그 연장 선상에서 필요한 기술을 도입해야 한다.

두 번째 궁합의 조건은 '호환'이다. 호환이란 내재화한 기술이 효력을 발휘할 수 있도록 코드를 맞추는 것이다. 어댑터가 맞아야 전기가 통하는 법이다. 목적에 맞는 기술을 찾았다면 그 기술이 잘 호환되게끔 회사 역량을 갖춰야 한다.

앞서 언급한 대로 제프리 이멀트는 2015년 GE의 디지털 비전을 발표하고, 전사적으로 나아갈 방향이 소프트웨어임을 밝혔다. 하드웨어를 만드는 회사가 소프트웨어 기술을 흡수하려면 호환성 면에서 많은 무리가 따른다. 그래서 제프리 이멀트는 데이터 엔지니어, 데이터 사이언티스트, 딥러닝 전문가, 소프트웨어 전문가 등 소프트웨어 기술자들을 채용해 해당 역량을 확충했다. 또 조직이 수월하게 소프트웨어 중심으로 전환될 수 있도록 무게중심을 디지털사업부로 옮겼다. 이 부서 인력에게는 다른 부서보다 10~20퍼센트 높은 연봉을 제시했다.

결과적으로 GE는 디지털 기술을 수월하게 흡수했고, 제품을 제조하고 판매하는 회사가 아니라 사람들이 제품을 더 잘 쓸 수 있도록 돕는 서비스 회사로 변신하는 데 성공했다. 발전소 가스터빈, 제트기 엔진 등에 사물인터넷 센서를 달아, 이 제품을 사용하면서 쏟아내는 방대한 데이터를 분석해 효과적인 의사 결정을 돕는 서비스를 제공하는 것이다.

예를 들어 에어버스Airbus나 보잉 항공기에 GE의 융합 기술이 반영된 엔진을 탑재하면 엔진 사용량이 얼마인지, 안전하게 잘 돌아가는지, 고장이나 오작동이 일어날 가능성은 얼마인지 실시간 확인할 수 있다. 고장 나기 전에 고치는 것이 중요한 항공 산업에서는 매우 중요한 서비스가 아닐 수 없다. 산업 설비의 경우도 오작동 유무는 물론 설비의 생산성과 투자자본수익률Return on Investment, ROI까지 높여준다. 이런 서비스 판매에 의한 매출이 GE 전체 매출의 60퍼센트를 넘어서고 있다. 130년 넘은 전통 제조 회사가 소프트웨어 기술을 완벽하게 흡수해낸 사례다.

이렇게 기술이 잘 호환되도록 자신을 바꾸는 것도 필요하지만, 기술 자체를 자신에게 잘 맞도록 변형시키는 것도 호환의 중요한 요건이다.

다이버전트3D의 경우, 기존에 없던 제품을 만들다 보니 여기에 최적화된 시스템이 없는 상태다. 충돌 시 차량 충격을 최소화하는 비선형 하중 모델 같은 기본적인 물리학 모델은 기존 방식을 차용했지만,

새롭게 도입한 기술과 기법은 이들이 추구하는 제품과 비즈니스 모델에 맞도록 변형시켰다. 케빈 징어 다이버전트3D CEO는 이렇게 설명했다.

우리는 새로운 콘셉트의 자동차 모델을 구축한 다음 테스트하고 검증된 재료를 최적화할 소프트웨어와 알고리즘을 개발합니다. 디자인과 스펙이 정해지면, 이 소프트웨어를 통해 우리가 지향하는 구조에 맞게 최적화하여 제품을 만들어냅니다. 대형 회사들은 이미 있는 물리적인 모델을 다시 만들죠. 우리는 전혀 다릅니다. 기존의 엔진을 보완할 새로운 모듈을 구축합니다. 저희가 지향하는 제품 콘셉트에 맞도록 최적화시킵니다. 그리고 이를 특허로 출원해서 저희만의 영업 기밀 정보로 만듭니다. 저희가 만드는 소프트웨어 대부분이 이러한 영업 기밀 알고리즘 정보입니다.

마지막 궁합의 조건은 '보완'이다. 약점을 극복하거나 강점을 강화시킬 때 효과를 볼 수 있다. 기술을 활용하는 즉시 보완 효과가 일어나는 것도 많다. 구글의 인공지능 번역 서비스는 쓰는 즉시 문제를 상당 부분 해소할 수 있다. 번역의 질이 갈수록 높아져, 전문가에게 번역을 맡겼던 사람들도 이제는 구글 번역 서비스를 이용해 스스로 번역해낸다. 내비게이션도 마찬가지다. 사용하는 즉시 정확한 기동력을 갖게 된다.

기업의 입장에서는 빠르게 변하는 시장에서 기술을 흡수함으로써 무엇을 보완할지 진지하게 고민해야 한다.

예를 들어 스포츠 의류 제조사인 아디다스Adidas는 공장을 변신시켜

3D 프린팅으로 만든 아디다스 운동화

새로운 역사를 쓰고 있다. 원래 아디다스는 갈수록 다양해지는 사람들의 니즈를 바로바로 충족하지 못하는 것에 대한 고민이 컸다. 그런데 스피드팩토리Speed Factory를 통해 이 제약을 극복했다. 3D 프린팅과 전자동화 시스템으로 스피드팩토리는 새로운 제조 모델을 만들어냈다.

스피드팩토리 1호인 독일 안스바흐 공장에서는 운동화를 연간 50만 켤레 만든다. 이 정도 물량을 생산하려면 직공이 600명 이상 필요하지만, 스피드팩토리에는 로봇이 단 6대 있을 뿐이다. 필요한 소재를 골라 접착하는 것까지 모두 지능화된 로봇이 한다. 사람은 로봇이 인식할 수 있는 자리에 소재를 가져다놓는 일만 하며, 그 일을 하는 사람도 10명뿐이다. 기술이 제조 능력에서 엄청나게 도약한 것이다.

스피트팩토리는 3D 프린팅으로 운동화를 만들기 때문에 개인 맞춤화 제작이 가능하다. 소비자가 신발 끈, 깔창, 뒷굽 색 등을 고르면 단 5시간 안에 운동화가 완성된다.

지금까지는 디자이너가 완성한 도안을 가지고 새 운동화가 만들어 져 매장에 진열되기까지 통상 1년 6개월이 걸렸다. 이 기간을 열흘 이 내로 단축시키고, 그것도 소비자가 원하는 유일무이한 맞춤형 신발을 만들어내는 것은 놀라운 제조 혁신이다. 아디다스가 가진 약점을 극복 하는 것은 물론, 초효율 신발 제조를 통해 수익성을 크게 향상시켰다.

미래는 기술이 좌우한다. 기술은 감상용이 아니며, 온전히 자기 것으 로 흡수했을 때 가치를 띤다. 기술을 성공적으로 내재화하기 위해서는 일치, 호환, 보완 등 세 가지 조건을 충족해야 한다. 그렇게 내재화한 기술로 자신의 역량을 증폭시킨다면 누구나 비범한 일을 해낼 수 있을 것이다.

알고리즘 사고를 갖추는 방법

공부 잘하는 아이들은 하나같이 원리에 철저하다. 대부분은 수학 공식 을 무작정 외우지만, 이들은 공식이 나온 원리를 이해하는 데 시간을 쓴다. 원리를 충실히 이해하면 응용력이 생겨서 처음 보는 어려운 문 제가 나와도 쉽게 푼다. 이처럼 일이 돌아가는 원리를 이해하는 것은 문제를 해결하는 데 매우 중요하다.

디지털이 중심에 될 미래 기술의 원리는 한마디로 알고리즘이다. 이미 세상은 상당히 많은 부분이 알고리즘으로 돌아가고 있다. 구글이나 네이버Naver의 검색 및 추천 엔진부터 자동차 차선 변경 장치와 잠금 방지 브레이크Anti-Lock Breake System, ABS까지, 우리 주변에서 쉽게 알고리즘의 적용 사례를 찾을 수 있다.

미래에는 알고리즘이 차지하는 비중이 더욱 커질 것이다. 자율주행차가 사람의 관여 없이 완전 자율로 가는 레벨 5단계에 이르게 하는 것이 바로 알고리즘이다. 3D 프린팅으로 정교한 설비를 만들거나 복잡한 건축물을 만들 때도 알고리즘이 필요하다. 아마존의 알렉사가 사람이 하는 말을 얼마나 잘 알아듣고 일을 수행하느냐의 문제도 알고리즘의 학습 수준이 좌우한다. 맥킨지글로벌연구소는 향후 10년 내 금융 업무의 50퍼센트가 알고리즘에 의해 자동화될 것이라고 했다.

기술 중심으로 돌아갈 미래 사회를 이해하려면 알고리즘에 능숙해야 한다. 예를 들어 구글은 알파고에 쓰인 딥러닝 알고리즘을 공개했다. 누구나 이 놀라운 기술을 사용할 수 있게 됐지만, 알고리즘을 잘 모른다면 이 보물을 자기 것으로 만들 수 없다. 알고리즘을 이해하는 사람만이 기회를 잡을 수 있다.

알고리즘에 능숙한 사람들은 이른바 알고리즘 사고를 갖고 있다. 알고리즘 원리에 기반해 기술의 잠재성과 기회를 내다보는 것이다. 알고리즘 사고는 기술의 잠재성을 제대로 이해하고, 새로운 비즈니스에 대한 응용력을 갖기 위한 필수 조건이다.

알고리즘 사고를 가지기 위한 첫 번째 조건은 사고의 메커니즘을 컴퓨터와 일치시키는 것이다. 알고리즘의 기본은 '인풋'과 '아웃풋'이다. 뭔가를 인풋해 아웃풋을 내는 과정에 대한 메커니즘이 바로 알고리즘이다. 알고리즘 사고의 기본은 원인과 결과 사이에 일어나는 과정을 컴퓨터가 처리하는 방식에 맞게 모델링하는 것이다.

"무엇을 인풋할 것인가?"

"어떤 아웃풋을 기대할 것인가?"

"이를 위해 어떤 프로세스를 거치게 할 것인가?"

이 세 단계를 사고의 기본 틀로 삼아야 한다.

알고리즘 사고를 가지기 위한 두 번째 조건은 컴퓨터가 일하는 방식으로 호환하는 것이다.

리처드 파인먼Richard Feynman은 "명확하게 표현할 수 없다면 이해하지 못한 것과 같다"고 했다. 세상에 있는 지식은 매우 복잡하다. 이를 쉽게 구조화하는 것이 인간의 중요한 지적 능력이다. 특히 인공지능 시대에는 어떤 현상을 컴퓨터가 이해할 수 있는 종류로 정형화해 표현할 수 있어야 한다. 또 컴퓨터가 처리하는 정형화된 표현을 해석할 줄 알아야 한다.

물리학에서는 뉴턴Newton의 운동법칙처럼 물리적 현상과 원리를 설명하기 위해 수식equation을 이용한다. 심리학자는 심리적 현상을 설명하기 위해 메커니즘을 정형화한다. 알고리즘 사고에서 중요한 것은 컴퓨터도 이해할 수 있는 정형회된 개념화 작업이다. 이 개념화 작업을 잘하는 사람들은 다른 사람들과의 커뮤니케이션도 잘할 뿐 아니라 컴퓨터와의 소통에도 능하다. 또한 알고리즘이 나타내는 의미를 보다 명확하게 이해한다.

문제 해결 방식의 호환도 중요하다. 효율적으로 일하는 사람들은 복잡하고 어려운 일을 접하면 먼저 해결할 수 있는 작은 단위로 쪼갠 다음 중요한 것부터 해결해나가서 결국 그 일을 끝마친다. 컴퓨터가 복잡한 문제를 효율적으로 처리하는 방법과 같다. 컴퓨터공학에서는 이를 계층적 구조 혹은 추상화abstraction로 표현한다.

알고리즘 사고를 가지기 위한 세 번째 조건은 컴퓨터와의 상호작용을 중시하는 자세다. 인공지능은 마치 발전 가능성이 엄청난 초등학생 같다. 수많은 데이터를 학습시키고, 풍부한 지식 기반을 통해 스스로 학습하는 능력을 갖게 만들어야 한다.

인공지능은 인간과의 상호작용 속에서 능력을 키워나간다. 인간과 인공지능 로봇의 톱질 협업 실험이 이를 잘 보여준다. 인간과 인공지능 로봇이 양쪽에 서서 같이 톱질하는데, 처음에는 호흡이 맞지 않아 작업이 더뎠다. 그러다 로봇이 상대 인간의 움직임을 계속 경험하고, 상대의 특성을 인지하면서 점점 호흡을 맞춰나갔다.

제조업에서는 벌써 이런 식으로 협업이 이루어지고 있다. 지금은 인공지능이 수동적으로 음성이나 텍스트에 의해 동작하는 방식이 대부분이지만 앞으로는 스스로 상황을 이해하고, 알아서 인간에게 필요한 솔루션을 제시해주는 방향으로 발전할 것이다.

협업을 보다 자세히 살펴보는 취지에서, 잠시 인공지능 알고리즘의 메커니즘을 설명하고 넘어가겠다. 인공지능의 메커니즘은 '이해하고', '연관 학습하고', '적용해보고', 그 결과를 '경험하도록 하는 것'이다.

먼저 인공지능이 정확하게 이해하는 것이 중요하다. 업계에서는 이를 "컴퓨터에 데이터를 인제스트Ingest한다"고 말한다. 문서, 이미지, 센서 데이터 등 다양한 데이터가 사용된다. 예를 들어 딥마인드DeepMind는 알파고의 바둑 실력을 향상시키기 위해 바둑 기보 16만 건을 학습시켰다.

그런데 지식을 밀어 넣는다고 끝이 아니다. 받아들인 지식과 다른 여러 분야 지식들과의 관계를 분석하고, 데이터 간 관계를 파악해 학습을 더욱 심화시켜야 한다.

예를 들어 아스피린은 열이나 두통 같은 증상과 관련된 약이다. 이 기본적인 지식에서 한 발 더 나아가 아스피린에 진통 효과가 있다는 연관성을 인공지능 머신이 발견할 수 있도록 해야 한다. 또 아스피린은 어떤 경우에 어떤 부작용을 낳는지 도출해낼 수 있어야 한다. 인공지능은 유전자 정보, 임상 실험 정보, 의료 가이드라인 등 서로 다른 영역을 연결해서 최적의 정답을 찾아간다.

어느 정도 지식과 인사이트가 있는 똑똑한 머신으로 성장시켰다면 테스트해봐야 한다. 인공지능 시스템에게 어떤 현실적인 질문을 던진다. 그럼 인공지능 시스템은 그동안 학습한 지식을 동원해 상황을 분석하고 나름의 가설을 세운 뒤 근거와 함께 솔루션을 도출한다.

이 솔루션이 얼마나 신뢰할 만한지 따지고, 최종 신뢰도의 순위에 따라 결과를 제시한다. 이렇게 결과를 얻어내는 과정은 하나의 경험이 되고, 이 경험은 머신러닝을 통해 다시 자동으로 학습된다. 이런 식으로 인공지능은 해당 산업에 맞게 공부하고 성장한다.

기업은 물론 개인도 인공지능 머신을 이용할 기회가 많아질 것이다. 이때 머신을 다루는 역량에 따라 얻을 수 있는 효과가 달라진다. 머신과의 상호작용은 인공지능 머신에게 어떤 종류의 학습을 시킬 것인지, 어떤 종류의 데이터를 인제스트할 것인지에 달렸다. 이것이 인공지능 기기의 수행 능력 수준을 좌우한다.

알고리즘 사고를 갖추기 위한 네 번째 조건은 데이터 친화성을 갖는 것이다. IT와 무관한 업종에 있거나 엔지니어가 아닌 사람들은 대개 데이터에 무관심하다. 그러나 알고리즘이 세상을 이해하는 채널은 데이터라는 사실을 깊이 이해해야 한다. 특히 인공지능 알고리즘과 협업하려면 데이터를 통해야 한다. 인공지능의 정확성과 신뢰도는 얼마나 많은 데이터를 주입했느냐가 결정하기 때문이다.

예를 들어 IBM은 왓슨으로 헬스케어용 인공지능 서비스를 개발하기 위해 100만 개가 넘는 화학구조, 2만 개가 넘는 유전자 정보, 의학 교과서, 〈메드라인Medline〉 등 100종이 넘는 의학 저널, 1만 1,000개 이상의 약품 정보, 특허 데이터를 주입시켰다. 공부를 방대하게 시켜 지식 기반을 축적시켰다. 지식 기반이 풍부할수록 '머리에 든 것이 많아져' 일을 더욱 스마트하게 처리할 수 있다. 데이터가 많을수록 알고리즘의 파워가 더 커지는 것이다.

케빈 켈리는 미래 사회의 경쟁력은 데이터를 가장 많이 보유한 순서와 일치할 것이라고 강조하며 다음과 같이 말했다.

데이터 집약적인 사업일수록 인공지능 알고리즘의 역할이 더 중요해질 것입니다. 금융계가 첫 번째일 것입니다. 이미 엄청난 양의 데이터를 생성하고 있죠. 두 번째는 소매업일 것입니다. 이미 엄청난 양의 데이터를 보유하고 있기 때문입니다. 다음은 의료 서비스입니다. 의료 서비스 역시 많은 양의 데이터를 생성하기 때문이죠. 그래서 교육처럼 지금 데이터를 많이 생산하지 않는 산업이 제일 마지막으로 영향을 받을 것입니다.

다시 말해 많은 산업에서 데이터가 미래 경쟁력의 원천이 된다. 물론 많은 데이터를 구하는 것 자체가 현실적으로 어려울 수 있다. 또 데이터를 구한다 하더라도 이를 머신러닝의 엔진으로 사용될 수 있도록 통합하는 것은 매우 어렵다.

많은 경영자가 어려워하는 문제가 바로 기업이 갖고 있는 다양한 데이터를 통합하는 것이다. 일일이 데이터를 만지는 것은 매우 힘들고 어렵다. 서로 다른 종류의 데이터베이스를 통합하는 것도 어렵다. 영업부의 고객 데이터와 제품 개발 과정에 대한 데이터를 연결시키기란 쉽지 않다.

한 가지 반가운 소식은, 미래에는 인공지능이 이 일까지 해준다는 점이다. 데이터를 알아서 통합해주는 머신러닝 애플리케이션이 개발되고 있다. 이 데이터와 다른 데이터의 공통 요소를 찾아 둘을 매치시키는 방법을 학습하고 결국은 최적의 방법을 스스로 찾아낼 것이다. 사람이 찾아내지 못하는 데이터들까지 찾아낼 뿐만 아니라 다양한 데이터들을 알아서 최적으로 통합해줄 것이다.

여기서도 중요한 것은 이런 종류의 머신러닝 알고리즘을 이해할 수 있어야 이를 유용하게 사용할 수 있다는 것이다. 이러한 종합적인 능력이 바로 알고리즘 사고다.

조직의 알고리즘 사고는
무엇이 다른가

최근 들어 산업의 알고리즘화가 빠르게 이루어졌기 때문에 아마도 대부분 조직은 알고리즘 사고가 부족할 것이다. 조직의 알고리즘 사고란 조직 문화가 얼마나 알고리즘 친화적인지를 의미한다. IT와 상관없는 조직은 알고리즘이라는 것이 전혀 필요 없고, 앞으로 필요해질 것이라고도 생각하지 않는다. 하지만 변화에 민감한 경영자들은 서둘러 조직의 알고리즘 역량을 확보하고 있다.

하워드 슐츠는 고객 경험의 질을 획기적으로 향상시키기 위해 서비스 전반을 디지털 기술로 고도화시키는 디지털 퍼스트 전략을 추진했다. 이를 위해 그는 디지털벤처 부서를 신설하고 경영에 IT 기술을 접목하고자 시도했다.

2012년에는 애덤 브로트먼Adam Brotman을 최고 디지털 임원으로 임명해 디지털 비즈니스 핵심 전략인 모바일 결제, 로열티 카드, e-커머스, 매장 내 디지털 경험 강화 알고리즘을 개발하도록 했다. 또 어도비시스템즈Adobe Systems 출신인 제리 마틴 플리킨저Gerri Martin-Flickinger를 CTO로 영입해 글로벌 기술 전략을 수립하도록 했다. 또한 시스코, 마이크로소프트, 아마존 웹 서비스Amazon Web Sernce, AWS에서 일했던 탈 사라프Tal Saraf를 엔지니어링 및 아키텍처 수석 부사장으로 영입해 조직의 알고리즘 사고 역량을 높였다.

애플 또한 자율주행차 시장에 진출하기 위해 테슬라에서 엔지니어링을 총괄한 크리스 포릿Chris Porritt 부사장을 영입했다. 그는 테슬라가 초기 자율주행차 엔지니어링 기반을 구축할 때 애스턴 마틴Aston Martin에서 영입했던 인물이다.

인재가 아니라 아예 회사를 인수해 기술 역량을 확보하는 경우도 많다. 자율주행차의 경우, 다양한 알고리즘이 들어가는데 여기에 필요한 기술을 모두 가지고 있는 회사는 없다. 그래서 많은 회사들이 알고리즘 역량을 선점하기 위해 관련 업체를 인수하는 데 열을 올린다.

2017년 3월, 인텔Intel은 이스라엘 벤처 기업 모빌아이Mobileye를 153억 달러에 인수했다. 모빌아이는 도로에 장애물이나 보행자가 있는지 확인해 운전자에게 알려주는 비전 센서vision sensor 알고리즘을 가진 회사다. 자율주행차는 차량 간 통신과 도로 위 모든 데이터를 수집하고 처리할 수 있는 프로세서 기능이 필수다. 모빌아이는 속도 조절, 잠재적 충돌 위험 경고 등으로 운전을 보조해주는 첨단 운전자 보조 시스템Advanced Driver Assistance Systems, ADAS을 세계 최초로 개발한 기업이기도 하다. 인텔은 모빌아이 인수를 통해 새로운 자율주행차 기술 역량을 확보했다.

그 밖에도 BMW는 노키아의 지도 서비스 회사인 히어Here를 인수해 자율주행차에 필요한 실시간 지도 알고리즘과 방대한 데이터를 확보했으며, GM은 10억 달러에 크루즈 오토메이션Cruise Automation을 인수하며 자율주행차 분야에 뛰어들었다.

세계적인 회사들이 이렇게 알고리즘 역량을 가진 인재와 회사를 흡수하는 이유는 결국 알고리즘 역량을 확보한 자가 시장을 쉽게 설계할 수 있기 때문이다.

알고리즘 하나가 새로운 시장을 창조하는 것이 4차 산업혁명이다. 하이테크 기업을 인수하는 것은 단순히 필요한 기술을 확보하는 차원을 넘어, 이 기술이 가져올 시장을 확보하는 것이다. 결국 알고리즘 역량은 시장이 만들어지기 전에 먼저 확보돼야 한다.

구글은 시장에서 별로 관심을 받지 못했을 때부터 인공지능 기술 개발에 열을 올렸다. 2009년에 무인자동차를 개발하기 시작했는데, 차량에 탑재된 센서로 지역 데이터를 분석해 차량 스스로 판단을 내려 주행하는 시스템을 구현하기 위해서는 인공지능 알고리즘이 반드시 필요했다.

그래서 구글은 세계적인 인공지능의 전문가인 제프리 힌턴Geoffrey Hinton 토론토대학University of Toronto 교수를 영입했다. 힌턴 교수는 알파고의 핵심 기술인 딥러닝 개념을 처음 고안해낸 전문가다. 구글은 힌턴 교수가 세운 머신러닝 회사 DNN리서치DNN Reaserch도 함께 인수해 토론토대학의 인공지능 연구자들까지 영입했다. 그 결과, 구글의 주요 서비스 중 하나인 이미지 서치 기술이 상당히 향상됐다.

2014년에는 영국에 기반을 둔 딥마인드를 6억 달러에 인수했다. 딥마인드는 딥러닝 기술을 근간으로 알파고의 인공지능 알고리즘을 개

연도	회사	분야
2013	보스턴다이내믹스(Boston Dynamics)	로봇(보행용)
	오토퍼스(Autofuss)	로봇(디자인)
	봇앤드돌리(Bot & Dolly)	로봇(특수 카메라)
	인더스트리얼퍼셉션(Industrial Perception)	로봇(전자 팔)
	메카로보틱스(Meka Robotics)	로봇(전자 팔)
2014	딥마인드	인공지능
	젯팩	인공지능
	다크블루랩스	인공지능
	비전팩토리	인공지능
	네스트랩스	스마트홈
	타이탄에어로스페이스(Titan Aerospace)	드론
2015	몹보이(Mobvoi)	인공지능(중국어 음성인식)
	매직리프(Magic Leap)	홀로그램 가상현실
2016	무드스톡스	이미지 인식
	API.AI	AI
2017	카글	클라우드 플랫폼

최근 구글이 진행한 주요 M&A

발한 회사다. 2016년에는 비주얼 서치 스타트업 무드스톡스Moodstocks
와 로봇 플랫폼 에이피닷에이아이Api.ai를 비롯해 젯팩Jetpac, 다크블루랩
스Dark Blue Labs, 비전팩토리Vision Factory 등 열 곳도 넘는 인공지능 스타트
업을 인수했다.

구글은 인공지능 알고리즘이 미래를 지배할 기술이라는 점을 간파
했기 때문에 남들은 생각조차 하지 못했을 때부터 인공지능 기술의 내

재화에 공을 들였다. 구글이 원래 갖고 있는 로봇, 자동차, 드론 등의 기술에 학습 능력을 갖춘 인공지능을 탑재할 경우, 시장 파괴력이 엄청날 것으로 모든 전문가가 예상하고 있다.

인공지능 알고리즘은 미래 산업의 심장이 될 것이다. 그 누구도 관심을 갖고 있지 않은 분야에 가장 먼저 뛰어들어 인공지능을 도입하고 시장을 선점해야 한다. 알고리즘은 그 특성상 시간이 지날수록 학습 능력이 좋아지기 때문에 먼저 얻는 자가 먼저 크게 돼 있다.

내재화의 관건은 결국 사고의 전환이다. 세상은 예측하기 어려울 정도로 급변하고 있다. 자신의 사고방식이 점차 세상과 불일치하기 시작한다. 계획대로 되지 않는 것이 많아진다. 4차 산업혁명 시대에 등장하는 기술들을 자기 것으로 만들기 위해서는, 과거와 전혀 다른 종류의 사고방식이 요구된다. 무엇보다 낡은 사고를 과감히 버리는 자세가 필요하다. 새로운 환경에 잘 맞도록 새롭게 사고해야 새로운 역량이 더욱 잘 흡수되기 마련이다. 새 술은 새 부대에 담아야 한다는 간단한 진리를 잊지 말아야 한다.

TQ

5장

기술 결합으로
새로운 에너지를
만든다

융합의 영역 Integration

Technology Quotient

융합형 인재가
촉망받는 이유

초현실주의 화가 르네 마그리트René Magritte는 살바도르 달리Salvador Dali 와 함께 '전치轉置'라는 미술 기법을 사용한 것으로 유명하다. 전치는 특정한 대상을 상식의 맥락에서 떼어내 이질적인 상황에 배치함으로써 기이하고 낯선 장면을 연출하는 것을 말한다.

예를 들어 〈올마이어의 성La folie almayer〉을 보면 하늘에 원통 모양 성곽이 떠 있다. 성곽은 위쪽은 벽돌로 지어졌는데, 아래쪽은 무성한 나무뿌리다. 하늘에 떠 있는 성곽이 뿌리를 내리고 있는 것이다. 전혀 연관성 없는 식물과 벽돌을 결합해 기이한 분위기를 자아냈다.

이 밖에도 마그리트는 하늘을 훨훨 나는 새와 땅에 뿌리를 내린 식물을 결합해 뿌리를 내린 새 그림, 하늘에서 신사가 빗방울처럼 떨어지는 그림 등 우리에게 친숙한 대상을 이질적인 배경에 집어넣어 낯선 분위기를 연출했다.

이렇게 이질적인 대상의 결합은 그 자체로 다른 사람에게 영감을 주기도 한다. 일례로 〈올마이어의 성〉은 미야자키 하야오宮崎駿의 애니메

이션 〈하울의 움직이는 성ハウルの動く城〉의 모티브가 되기도 했다.

스티브 잡스는 "창조란 그냥 여러 가지 요소를 하나로 연결하는 것"이라고 했다. 창조적인 사람은 어떻게 그렇게 창조적으로 일할 수 있느냐는 질문을 받으면 죄책감을 느낄 것이라고 했다.

왜냐하면 그들은 실제로 엄청난 새로운 것을 만들어낸 것이 아니라 이미 있는 것들을 그냥 연결만 했을 뿐이기 때문이다. 스티브 잡스는 창조성이란 경험한 것을 새롭게 연결할 수 있을 때 생겨나는 것이라고 강조했다.

융합이야 항상 강조되는 단어이지만, 4차 산업혁명이 진행될수록 융합의 중요성은 더욱 커질 것이다. 그 이유는 크게 세 가지로 정리할 수 있다.

첫째, 4차 산업혁명을 이끄는 기술의 범용성이다. 인공지능의 딥러닝 알고리즘만 해도 자율주행차, 스마트폰, 유통, 번역, 의료, 의사 결정 시스템 등 거의 모든 분야에 적용된다. 3D 프린팅 기술은 의료용 인공 보형물, 건축물, 자동차를 만드는 데 쓰인다. 가상현실 기술은 게임, 심리 치료뿐 아니라 가상 우주여행, 가상 마케팅, 교육 분야 등 다양한 분야에 활용된다.

이렇게 한 기술이 파고들 수 있는 분야가 매우 넓고 예상하기도 어렵다. 따라서 기술에 대한 이해력과 응용력을 갖춘 인재가 촉망받을 수밖에 없다.

둘째, 제품의 집약성이다. 지금은 한 제품에 여러 가지 기술들이 집약돼 기능을 고도화하는 형태로 진화되고 있다. 우리가 늘 쓰는 스마트폰만 해도 그렇다. 기본적으로 전화기 역할을 하지만, 카메라 겸 찍은 사진을 보관하는 앨범이자 휴대용 음악 플레이어인 동시에 방송과 영화 등을 볼 수 있는 동영상 재생기다. 여기에 인공지능 기술과 증강 현실 기술까지 더해지면 스마트폰 하나가 50가지도 넘는 기능을 하며, 과거에는 상상도 하지 못한 고도로 지능적인 작업을 처리할 것이다. 이 밖에도 세탁기, 텔레비전, 냉장고, 텔레비전 등 수많은 기기들이 여러 기술을 이 밖에도 활용해 성능을 강화하고 있다.

이처럼 다양한 기술들을 한 카테고리에 집약시켜 고도의 융합을 끌어내는 능력이 중요해질 수밖에 없다.

셋째, 기업이 수용할 수 있는 기술의 증가다. 기술 영역에 대한 구분이 점차 희미해지고, 기업들의 기술 채택 수준이 전반적으로 높아지면서 다양한 기술이 쓰이게 됐다.

아디다스는 폴리우레탄 섬유 코팅과 같은 첨단 소재 기술을 도입하고, 스피드팩토리로 초효율 공정을 실현했다. 고도로 정밀하게 신발을 만드는 로봇에는 스마트함을 더하기 위해 각종 센서 및 인공지능 알고리즘이 적용되며, 맞춤형 생산을 위해 3D 프린팅 기술을 도입했다.

아디다스는 신발 하나 만드는 데 이렇게 많은 첨단 기술을 채택했다. 대체 무엇을 위해서일까?

바로 소비자에게 새로운 만족을 주기 위해서다. 3D 프린팅으로 단 한 명의 소비자를 위한 유일무이한 맞춤형 신발을 만든다. 특정 소비자를 위해 만들었으니 그 착용감이야 말할 필요가 없을 것이다. 게다가 초효율 공정 덕분에 원가가 파격적으로 내려가고, 결국 제품 자체의 값이 내려가 그 혜택을 소비자가 누릴 것이다.

과거의 단순한 제조 기술로 신발을 만드는 회사가 과연 아디다스와 경쟁할 수 있을까? 경쟁자들도 선두 기업을 따라 기술을 융합해 제품과 서비스를 고도화해야 한다.

이런 이유로 요즘 기업들이 다양한 지식으로 무장된 융합형 인재를 선호하는 것이다.

이렇게 기술의 범용성, 제품의 집약성, 기업의 수용성이 커질수록 산업간 경계가 희미해지고, 융합이 일어날 환경이 만들어진다. 제임스 어터백 MIT 교수에 따르면 요즘 MIT에서 가장 인기 있는 과정 중 하나가 제품 아키텍처라고 한다.

제품 아키텍처란 다양한 제품과 기능을 만드는 데 필요한 하부 조직 및 그 연계 시스템의 설계 방법을 연구하는 분야다. 완성된 제품 하나하나를 각각 한 사이클로 만드는 것이 아니라 작은 기능들을 모듈화해서 만들어내고 모듈들을 결합해 총체적인 제품을 만들어내는 것을 강조한다. 어터백 교수는 다음과 같이 말했다.

시장은 상상을 초월할 정도로 다양합니다. 사용자마다 선호하는 기능이 천차만별입니다. 이를 어떻게 해결할까요? 레고 블록처럼 작은 단위의 기능을 모듈처럼 만들고, 이 재료들을 각 사용자에게 맞도록 조립하는 방식이 최선입니다. 각 모듈이나 부품은 이상적이지 않을지라도 하나로 통합했을 때 놀라운 결과를 낼 수 있습니다.

앞으로는 제품 제조 능력이 아니라 바로 통합 능력이 중요하다는 것이 어터백 교수 말의 요지다.

어터백 교수가 주장하는 통합형 제품 아키텍처를 가장 잘 보여주는 사례 중 하나가 바로 패러데이퓨처Faraday Future다. 패러데이퓨처는 전기차를 만드는 회사로, 요즘 실리콘밸리에서 테슬라의 대항마로 자주 회자되는 스타트업이다. 일인용 전기차인 FF01은 우주선을 연상케 하는 외관에 성능까지 뛰어나다.

이 회사는 인공지능과 혁신적인 기술을 결합해 FF91이라는 전기차를 개발했는데, 전기차의 부족한 파워와 짧은 이동거리 등의 단점을 극복한 신기술을 접목해 주목받고 있다. 더불어 운전자가 스마트폰으로 주차할 곳을 지정하면 정확히 그 자리에 주차하는 기능을 탑재했다.

이 차량은 충전 한 번에 미국환경보호청EPA 기준으로 약 608킬로미터를 주행할 수 있는 것으로도 유명하다. 시속 80킬로미터로 일정하게 달리면 약 776킬로미터를 갈 수 있다. 전기모터가 4개인 이 차의 제로백(시속 100킬로미터까지 도달하는 데 걸리는 시간)은 3초이며, 최고 속도는 시속 320킬로미터 이상이다. 테슬라 모델S를 능가하는 성능이다.

벤틀리Bentley나 페라리Ferrari 등 가속을 하게 되면 기름으로 달리는 차는 가속할 때 굉음과 함께 뿌연 연기를 내뿜지만 FF91은 친환경 자동차답게 부드럽게 미끄러지면서도 총알처럼 튕겨 나간다.

2017년 미국국제모터쇼에서 패러데이퓨처 측이 FF91과 경쟁 차종을 일대일로 붙여 속도를 쟀다. 측정 결과, FF91은 가속 시간 2.59초를 기록해 테슬라 모델S(2.60초), 테슬라 모델X(3.09초), 페라리 488

GTB(3.30초), 벤틀리 벤테이가Bentayga(3.48초)를 모두 따돌렸다. 이 차량의 개발을 진두지휘한 기술 책임자 닉 샘슨Nick Sampson 부회장을 만나 패러데이퓨처의 차량 제조 지향점을 물어보니 이런 대답이 돌아왔다.

저희는 자동차를 만들 때 단순히 개발 기간을 단축하는 데 집중하지 않습니다. 배터리 설계, 모터, 부품 구성 등 자동차 개발에 들어가는 모든 요소들을 모듈화했습니다. 다양한 니즈에 맞는 자동차를 출시하기 위해서는 다양한 기술이 융합된 우수한 모듈을 만들어야 합니다. 다양한 모듈을 결합하는 방식의 전략은 미래 소비자의 니즈를 유연하게 충족시킬 수 있게 합니다.

전기 자율주행차를 지향하는 것은 테슬라와 유사하지만, 소비자 니즈를 다양한 기술과 모듈의 융합으로 충족하려는 전략은 이 회사의 독특한 차별점이다. 패러데이퓨처가 테슬라를 능가하는 성과를 올릴지는 아직 모르지만, 이렇게 기술을 융합해 경쟁력을 확보해나가는 방식은 요즘 실리콘밸리 기업들이 추구하는 경쟁 패턴이라는 점에서 주목할 필요가 있다.

이제는 산업의 경계가 무의미하며, 전방위적으로 아이디어가 넘나든다. 2017년 국제전자제품박람회The International Consumer Electronics Show, CES에서 흥미로웠던 점은 자동차 섹션에 있는 회사의 면면이 매우 다채로웠다는 것이다.

삼성전자도 자동차 전장 사업에 진출했고, 파나소닉Panasonic도 자동차 사업에 무게중심을 둘 것이라고 발표했다. 구글은 이미 무인 자동차를 내놨고, 애플 역시 자동차 시장을 엿보고 있다.

이렇게 다양한 분야에서 활약 중인 회사들이 자동차 시장으로 모여들고 있다. 이런 시대에 경쟁 우위에 서서 주도권을 차지하기 위해서는 다양한 기술과 아이디어를 참신하게 융합해내는 능력이 필요하다.

경계가 흐려지는 지점은 역동적이다. 바다에서 물고기가 많이 잡히는 장소를 보면 예외 없이 한류와 난류가 교차하고 있다. 온도가 다른 물이 뒤섞이면서 다른 데는 없는 생태계를 이루고, 다양한 어종이 모여든다. 역동성이 커지는 시대, 경계를 부수며 융합을 주도하는 자에게 경쟁력이 주어질 것이다.

융합의 특징과 다양한 유형

융합력이란 나무 접붙이기처럼 다양한 기술을 수용해 새로운 가치를 만들어내는 능력이다. 감나무에 유자나무를 접붙이면 수세가 왕성해지고 수명이 늘어난다. 열매를 빨리 맺게 하거나 환경에 잘 적응시키고 싶을 때도 접목을 한다. 배나무를 모과나무에 접목시키면 열매 맺는 시기가 앞당겨진다. 추위에 약한 감나무를 고염나무와 접목하면 추운 곳에서도 잘 산다.

이와 마찬가지로 이종 기술들을 결합해 시너지를 내는 것이 바로 융

		융합 기술 분야(Input)	
		국지적(Narrow)	전방위적(Broad)
창출 영역 (Output)	동종 영역(Homogeneous)	유형 I	유형 III
	이종 영역(Heterogeneous)	유형 II	유형 IV

융합의 유형

합이다. 융합은 투입되는 기술과, 그 결과로 나타나는 시너지의 영역에 따라 몇 가지 유형으로 구분할 수 있다.

유형I은 한 분야 안에서 기술들을 융합해 해당 분야의 기술을 업그레이드시킨 경우다. 예를 들어 우주복을 개발하면서 안정성과 단열성을 높이기 위해 주로 방탄복에 쓰이는 고강도 케블라 섬유를 가져다 썼다. 투명 디스플레이를 개발하는 과정에서는 흑연이 원료인 그래핀으로 투명 전극의 OLED 패널을 만들었다.

유형II는 한 분야 안에서 기술들을 융합해 새로운 분야의 기술로 발전시킨 경우다. 영국의 제약 회사 GSK Glaxo Smith Kline는 밥을 먹지 못하는 환자들에게 영양분을 공급할 목적으로 루코제이드 Lucozade라는 의약품을 개발했다. 그런데 환자 수는 정해져 있는 데 비해, 경쟁사와 차별화할 수 있는 여지는 별로 없어 생산이 중단될 위기에 처했다.

그때 한 마케팅 임원이 색다른 제안을 했다. 루코제이드에 향신료를 넣어 건강 음료로 만들면 운동선수나 청소년에게 팔 수 있지 않겠냐는 것이었다. 기술은 그대로 두고 시장만 바꾼 것이다. 이렇게 해서 출시된 음료는 불티나게 팔렸고, GSK에 새로운 성장의 전기를 마련해줬다.

유형I과 II가 익숙한 동종 분야 기술들을 결합해 시너지를 내는 경우인 데 비해 유형III과 IV는 전혀 다른 영역의 기술들을 들여와 새로운 융합을 시도하는 경우다. 앞서 이야기한 전치의 기법과 마찬가지로 서로 관련이 없는 아이디어의 결합일수록 참신하다.

참고로 나는 2002년부터 2009년까지 미국 제조업체에서 융합을 기반으로 개발된 특허 6,059개를 분석해본 적이 있다. 그런데 한 분야의 기술을 지속적으로 개발한 특허보다 다양한 분야의 기술을 전방위적으로 융합한 아이디어일수록 향후 타 기술이나 제품에 많이 채택돼 질적인 성과가 더 높았다. 새로운 기술들이 영역을 초월하며 쏟아지는 4차 산업혁명 시대에는 이런 전방위적 융합력이 중요하다.

스타벅스를 키운 하워드 슐츠는 이런 이질적인 융합의 대가다. 사람들의 생활 중심이 모바일과 소셜미디어로 이동하자 그는 다양한 디지털 기술을 결합해 매우 생소한 변신을 시도했다. 스타벅스의 핵심은 고객과의 정서적 유대감 형성인데, 디지털 기술이 이를 더욱 강화해주리라 내다본 것이다. 하워드 슐츠는 전 직원을 대상으로 이렇게 선포했다.

기술혁신은 브랜드를 강화하고, 매장 관리의 효율성을 개선하며, 수익성을 높여주고, 경쟁 우위를 확대해 스타벅스의 고객 경험을 높이는 기회를 만들 것입니다.

커피 한 잔의 맛에 IT 기술을 결합하는 것은 업계 상식에 비춰봤을 때 매우 생소한 시도다. 어쨌거나 하워드 슐츠가 강력하게 융합을 주장한 결과, 스타벅스는 '디지털 플라이휠Digital Flywheel'이라는 새로운 디지털 서비스를 선보였다.

플라이휠은 기계나 엔진의 회전속도를 유지하기 위해 사용되는 바퀴를 말한다. 스타벅스의 디지털 플라이휠은 모바일 앱으로 쉽게 '리워드', '개인 맞춤', '결제', '주문'을 할 수 있게 서비스해 스타벅스 이용률과 편리성을 키운다.

앞서 설명한 사이렌 오더는 미리 모바일로 주문하는 디지털 서비스다. 매장에서 줄을 서서 기다릴 필요 없이, 가는 도중에 앱으로 주문하고 매장에 도착해 바로 찾아갈 수 있다. 게다가 앱으로 주문 승인, 커피 제조, 제조 완료 등 진행 상태를 확인할 수 있고, 음료가 완성되면 '진동벨'처럼 알림 메시지를 받는다.

또 모바일 오더&페이는 초간편 결제 시스템이다. 앱에서 주문한 커피는 신용카드나 현금이 아닌 스타벅스 카드로 결제한다. 바깥에서 커피를 주문할 때 아예 간편하게 계산까지 끝내는 것이다. 스타벅스 카드에 선불 결제로 충전해놓은 금액이 12억 달러가 넘는다. 게다가 미국에서는 스타벅스가 아닌 다른 매장이서도 스타벅스 카드를 현금처럼 쓸 수 있다. 커피 체인이 금융업의 일까지 하고 있는 것이다.

스타벅스가 이렇게 고도화된 서비스를 제공하고 얻는 중요한 혜택이 있다. 바로 고객들의 행동에 대한 정보다. 누가 어느 매장에서 어떤 커피를 몇 잔 주문하는지, 결제는 어떻게 하는지 등 데이터를 확보할 수 있다. 그리고 이를 통해 각 개인에게 맞는 서비스를 할 수 있다. 직원은 손님의 구매 이력을 토대로 취향을 파악해 주문을 받을 때 조언해줄 수 있다.

스타벅스는 커피머신에까지 IT 기술을 끌어들였다. '클로버Clover'라는 스타벅스 커피머신은 클라우드와 연결돼 있어, 기계의 성능을 관리하고 식자재의 유통기한을 추적할 뿐 아니라 이 매장에서 주문하는 고객들의 취향까지 분석한다.

2016년 12월 미국을 기준으로, 스타벅스 모바일 결제 고객 중 3분의 1인 250만 명이 모바일 오더&페이를 이용하며, 매출의 25퍼센트 (10억 3,000만 달러)가 디지털 플라이휠에서 발생했다. 디지털 트랜스포메이션을 시도하기 전인 2011년에는 매출이 1,170억 달러였는데, 2016년에는 2,130억 달러로 껑충 뛰었다. 고객에게 감성적인 경험을 선사하는 스타벅스의 역량은 이렇게 디지털 기술 융합을 통해 엄청난 시너지를 만들어냈다.

메르세데스 벤츠Mercedes-Benz는 자동차를 넘어 드론 산업에 뛰어들었다. IT 매체 〈엔가젯Engadget〉은 메르세데스 벤츠가 스타트업 '매터넷Matternet'과 손잡고 배달용 드론 개발에 나섰다고 밝혔다. 두 회사는 기존에 개발된 드론보다 더 실용적인 형태의 배달용 드론을 개발하는 데 협력하기로 했다. 메르세데스 벤츠는 실용적으로 개발된 배달용 드론이 시장에 자리 잡으면, 사람이 직접 화물을 배송하는 현재 방식은 속도와 경제 측면에서 도태될 것으로 내다봤다.

메르세데스 벤츠는 완전히 자동화된 물류 창고에서 드론이 배송할 물건을 싣고, 배송지까지 최단 거리로 날아가 배달을 완료하는 형태를

메르세데스 벤츠의 콘셉트 카 이미지

목표로 하고 있다. 이 같은 배송 형태를 모든 유통 채널이 받아들일 경우, 특정 시간이나 주문 당일 배달 등 현재로서는 불가능한 배달 방식이 가능해질 것으로 예상된다.

이질적 융합은
와해성 혁신의 원동력

융합의 마지막 유형은 다른 영역의 기술들을 융합하는 한편 시너지를 창출하는 무대도 아예 다른 영역인 경우다. 대표적인 예로 테슬라를 들 수 있다.

일론 머스크는 가장 극단적인 융합형 인재다. 그는 자동차 센서, 사물인터넷, 인공지능, 주행 데이터 분석 등 다양한 기술들을 융합해 테슬라 자동차를 만들었다. 기존 자동차에 쓰이는 기술 상당수가 없고 부품 수도 적다. 그는 자동차라는 말을 쓰지 않는다. 왜냐하면 기존 자동차와 개념 자체가 다르기 때문이다. 대신 '모빌리티Mobility'라는 단어를 쓴다. 앞으로 테슬라가 개발할 이동 수단이 단지 네 바퀴 달린 차량에 국한되지 않을 것임을 암시하는 대목이다.

2017년 1월에는 회사명도 테슬라자동차에서 테슬라로 바꿨다. 그는 인터넷에 연결되는 차라는 전혀 새로운 패러다임을 만들었다. 정비소에 가는 것이 아니라 스마트폰처럼 소프트웨어 업데이트 방식으로 자동차 성능을 향상시키는 것은 기존 자동차 시장의 생태계에서는 도저히 상상조차 할 수 없는 새로운 개념이다. 융합의 극단에 있을 때 이런 아이디어가 나온다.

기존 산업의 패러다임을 와해시키는 기술들을 보면 융합 기술인 경우가 많다. 우리는 이 점에 주목해야 한다. 이질적 영역의 융합이 와해성을 갖게 되는 데에는 중요한 이유가 있다. 다른 영역에서 아이디어를 끌어온 덕분에 다른 회사들은 전혀 고려하지 못한 참신한 기능을 구현해낼 가능성이 높기 때문이다. 또한 이렇게 탄생한 새로운 모델은 사용자에게 전에 없는 색다른 경험과 만족감을 준다. 가장 중요한 이유는, 대부분 회사들은 이미 쌓아놓은 비즈니스 생태계를 흔들면서까지 변화를 추구하기 부담스러워한다는 점이다. 이 때문에 경직된 대응

밖에 할 수 없고, 산업의 와해 현상은 더욱 빨라진다.

중국의 전자상거래 회사 알리바바Alibaba의 CEO 마윈馬雲은 매우 개방적이고 진취적인 인물로 정평 나 있다. 확실한 기회다 싶으면 처음 접하는 기술이라도 비즈니스와 결합하는 데 주저하지 않는다.

2003년, 그가 알리페이Alipay라는 새로운 전자화폐 및 온라인 결제 시스템을 내놓자 중국의 금융 시장이 요동쳤다. 현금이 없어도, 신용카드가 없어도 알리페이 가입자라면 초간편 결제 방식으로 물건을 살 수 있다. 시장에서 과일을 사고 알리페이 QR 코드를 찍으면 판매자의 계좌로 알리페이 머니 형태로 송금된다. 중국은 길거리에 있는 걸인도 알리페이 QR코드로 적선을 받는다. 심지어 춘절 세뱃돈도 알리페이로 받는다.

중국은 현재까지도 신용카드는 그리 사용되지 않는 반면 스마트폰은 매우 빠르게 확산됐다. 때문에 스마트폰으로 결제하는 알리페이의 보급률이 매우 높다. 알리페이는 중국 내 제삼자 결제 시장의 약 50퍼센트, 모바일 결제 시장의 약 80퍼센트를 차지하고 있다.

알리바바는 전자상거래 회사이지만 결제 시스템을 내재화함으로써 새로운 금융 시장을 개척했다. 원래 갖고 있는 전자상거래 인프라와 수많은 고객 플랫폼을 새로운 결제 기술과 결합해 새로운 시장을 만들었다. 알리페이 결제 서비스가 처음 등장했을 때 기존 금융 회사들은 대수롭지 않게 여겼다. 금융 인프라가 없는 일반 커머스 회사의 금융 기능은 한계가 있을 것이라고 봤기 때문이다. 그러나 공인인증서나 신용카드 없이 스마트폰과 비밀번호만으로 결제가 가능한 데다, 은행이나 카드사처럼 수수료를 낼 필요도 없는 까닭에 이 간편 결제 서비스의 파급력이 커지자 상황이 달라졌다.

알리바바의 혁신은 여기에서 그치지 않았다. 2016년, 알리바바는 가상현실 쇼핑몰 바이플러스Buy+를 시작했다. 세계 주요 백화점이 가상공간에 들어가 있어, 사람들이 실제로 쇼핑 장소에 가지 않고도 상품을 구경할 수 있다. 이 가상현실에서 옷을 입어볼 수도 있고, 가구와 같은 물품을 3D 입체 사진으로 볼 수도 있다. 게다가 놀랍게도 가상현실에서 결재까지 가능하다. 가상현실 기기를 착용한 상태에서 간단한 동작으로 계좌에 로그인하고, 안전하게 구매 시스템에 접속한다. 참고로 이 결제 시스템은 알리바바의 금융 자회사인 앤트파이낸셜Ant Financial이 개발했다. 소비자는 눈을 깜빡이거나 고개를 움직여서 결제를 진행한다.

알리바바는 전자상거래뿐 아니라 영화, 음악, 동영상 등 엔터테인먼트 콘텐츠 시장에까지 가상현실 기술을 도입했다. 유명 가수의 라이브 공연을 실제 공연장에서처럼 볼 수 있는 가상현실 콘서트 서비스를 제공하는가 하면, 2017년 3월에는 온라인 공연 티켓 판매 사이트 다마이왕大麥網을 인수해 '다마이 VR'이라는 가상현실 서비스를 선보였다. 뮤지컬이나 다큐멘터리 등을 가상현실로 볼 수 있게 한 것이다. 영화 예매를 할 때도 가상현실 영상을 보고 좌석을 고를 수 있도록 했다.

지금까지 살펴본 사례들이 공통적으로 이야기하는 것은 융합력이 뛰어난 자가 와해성 혁신을 주도한다는 점이다. 융합을 통해 탄생한 제품과 서비스는 기존의 것들과 전혀 다른 개념으로 시장에 등장한다. 혁신은 영역을 초월한 기술 도입으로 소비자의 입맛을 맞추기 때문에,

기존의 영역에서 머뭇거리던 제품 및 서비스는 심각한 위협에 빠진다. 시장이 점차 와해되는 것이다.

기존 패러다임에 사로잡혀 있으면 파괴의 피해자가 될 뿐이다. 변화를 선도하기 위해서는 새롭게 등장하는 기술, 가보지 않은 영역에 있는 아이디어를 융합할 줄 알아야 한다.

매혹적인 융합의 조건

앞서 4차 산업혁명 시대의 혁신은 기술이 주도한다고 설명했다. 그런데 이 말을 시장의 목소리는 무시해도 된다는 의미로 받아들여서는 안 된다. 새로운 기술과 제품을 선보이는 곳이 바로 시장이기 때문이다.

흔히 공급자 입장에서 생각하는 사람들은 융합을 이런 식으로 접근한다.

"뭘 연결할까?"

"어떻게 도입할까?"

"어떻게 융합할까?"

그러면서 가장 중요한 질문을 놓친다.

"고객에게는 뭐가 좋을까?"

그동안 융합에 실패한 회사들을 살펴보면 반드시 고객을 중심으로 생각하지 못해 실수를 저질렀음을 알 수 있다.

융합의 대명사로 여겨지는 애플도 초기에는 어려움을 겪었다. 1990년대 이동 단말기 시장에서였다. 애플은 세계 최초로 PDA를 개발했다. 뉴턴Newton이란 이름의 이 PDA는 휴대용 단말기에 PC의 다양한 기능이 결합된 제품이었다.

그런데 애플은 뉴턴을 PC의 대체제로 내놨지만, 사람들은 그저 PC의 보완재로만 여겼다. 그래서 PC에서 하던 작업을 PDA에서 하지 않고, 이동 중 문서 작업처럼 PC로 하지 못하는 일들에만 제한적으로 썼다. 뉴턴은 기능이 많은 커다란 기기였는데, 사람들은 그보다 단순하면서도 편하게 가지고 다닐 수 있는 작은 기기를 원했다. 결국 뉴턴은 기술적으로는 융합에 성공했을지 모르지만 소비자의 니즈와 일치하지 못해 실패했다.

마이크로소프트도 비슷한 일을 겪었다. 1985년 16비트 환경의 운영체제인 윈도Window1.0을 출시한 이후 지속적으로 업그레이드 모델을 내놨다. 그중 윈도8은 앞선 모델들과 달리, 사람들의 생활 패턴에 맞춰 모바일과의 융합을 꾀했다. 일단 인터페이스를 모바일 형으로 바꿨다. 터치스크린을 지원하고, 화면도 모바일 터치에 적합하게 바꿨다.

하지만 키보드와 마우스 기반 인터페이스에 익숙한 PC 사용자들은 이런 변화를 받아들이지 못했다. 특히 시작 메뉴는 윈도우95부터 화면 좌측 하단에 있으면서 프로그램을 실행시키는 데 길잡이 역할을 해왔다. 20년 넘게 익숙하게 사용하던 시작 메뉴가 윈도8에서 갑자기 사라지자 사람들은 불만을 쏟아냈다.

〈워싱턴포스트Washington Post〉는 "마이크로소프트가 기이한 점프를 시

도했다"고 비판했다. 사람들의 반反 마이크로소프트 분위기가 거세지
자 마이크로소프트는 허겁지겁 시작 메뉴를 다시 집어넣어 후속 버전
을 출시했다. 그러면서 윈도우8의 업그레이드 버전이 아니라는 점을
강조하기 위해, 윈도우9가 아닌 윈도우10이라고 발표했다.

시장의 니즈를 정확히 맞추지 못하는 융합은 이렇게 역효과를 일으
킨다. 융합은 전적으로 소비자 지향적 개념이어야 한다.

그럼 소비자 지향적 융합이란 뭘까? 소비자를 만족시키고, 나아가
소비자가 미처 깨닫지 못한 숨은 니즈까지 충족해주는 기술이다.

데이비드 로즈David Rose MIT 미디어랩 교수는 이런 종류의 제품을
'매혹적인 사물Enchanted objects'이라고 했다. 기술을 통해 인간의 오감 정
보와 외부 정보를 습득하고 인간과 상호작용하면서 고차원의 만족감
을 줘야 한다는 뜻이다.

매혹적인 사물이 되기 위해서는 사람들이 원하는 원초적인 조건을 충족해야 한다. 예를 들어 '더 편리하게'가 있다. 사람들은 누구나 자신을 편하게 해주는 것을 좋아한다.

미국에서는 라덴Raden이란 여행 가방이 돌풍을 일으켰다. 겉모습은 특별할 것이 없다. 22인치와 28인치 두 종류만 팔고, 여행 가방의 중요한 품질 조건인 내구성이 뛰어난 것도 아니다. 소재가 마크롤론이라 견고하고 탄력성이 좋지만 다른 가방들에 비해 특별히 뛰어나지는 않다.

그런데 라덴은 2016년 4월에 출시되고 10개월 만에 200만 개 이상 판매됐다. 출시 후, 1년 뒤에는 판매 수익이 1,200만 달러를 넘겼다. 신생 기업이다 보니 생산 속도가 사람들의 구매 속도를 따라가지 못해 1만 명 이상이 예약하고 물건을 기다리는 상황이 이어지고 있다. 할리우드 배우 제시카 알바Jessica Alba, 패션 디자이너 토리 버치Tory Burch 등 유명인이 사면서 더욱 화제가 됐다. 글로벌 패션지 〈보그Vogue〉는 라덴을 이렇게 평가했다.

마치 스티브 잡스의 손길이 닿은 것 같다. 만약 독일 명품 캐리어 리모와 Rimowa와 애플 사이에 아이가 있다면 바로 라덴처럼 생겼을 것이다. 구식 제품이 완전히 신제품으로 나온 것 같은 새로움이다.

이렇게 제품이 출시하자마자 히트하는 경우는 흔치 않다. 그 비결이 뭘까?

해외여행을 가본 사람이라면 누구나 짐을 싸다 이런 고민을 했을 것

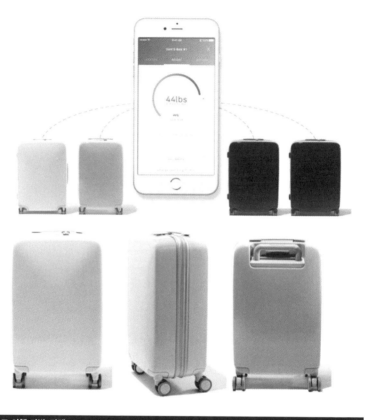

스마트 여행 가방, 라덴

이다.

"너무 많이 샀나? 무게가 얼마나 될까?"

"비행기 수하물 무게 기준을 넘는 것 아닐까?"

라덴은 디지털 기술이 융합된 스마트 캐리어로 센서와 블루투스가 달려 있다. 그래서 스마트폰으로 앱을 켜고 가방을 들기만 하면 얼마나 무거운지 바로 알 수 있다. 게다가 각 항공사 수하물 무게 규정도

앱으로 확인할 수 있다.

또 공항에서 가방을 잃어버리는 경우가 많은데, 라덴은 앱으로 위치를 추적할 수 있다. 약 30미터 안에 있을 경우 바로 가방의 위치를 알 수 있고, 그보다 멀리 있을 때는 그 가방 가까이에 있는 라덴 앱이 깔린 스마트폰이 가방 주인에게 위치를 전송해준다. 가방 안쪽에 대용량 충전기가 있어 스마트폰 충전도 가능하다.

이 스마트 제품을 개발한 사람은 캐나다 출신 변호사 조시 유다슈킨Josh Udashkin이다. 그는 출장이 잦았는데, 그때마다 캐리어 때문에 힘들어했다. 그러다 캐리어가 수십 년간 기능이 변하지 않았다는 사실에 의문을 느끼고 상품 개발까지 하게 됐다고 한다. 해외 출장 시 경험한 불편함을 디지털 기술 융합으로 해결하고 유일무이한 히트 상품을 만든 것이다.

출근 혹은 등교 준비만으로도 바쁜 아침 시간, 이부자리까지 정리하기란 그리 쉽지 않다. 그런데 자동으로 펴지며 깔끔하게 정리되는 이불이 있다면 어떨까?

'스마트듀베Smartduvet'는 이름 그대로 똑똑한 이불이다. 아무렇게나 접히고 구겨진 상태에서도 알아서 쓱 펼쳐지며 정돈된 모습으로 변신한다. 비결은 이불 겉감에 들어 있는 격자 모양의 튜브다. 튜브에 공기가 들어가면 원래 모양대로 이불이 깔끔하게 펴진다. 튜브에 바람을 넣어주는 장치는 호스를 통해 별도로 연결돼 있다. 스마트폰 앱을 통해 원하는 시간을 설정하면, 자동으로 이불이 정리되도록 만들 수도 있다. 스마트듀베는 미국의 소셜 펀딩 사이트 킥스타터Kickstarter에서 선

저절로 펴지는 이불, 스마트듀베

주문을 받고 있다.

디지털 기술은 이렇게 평범한 제품을 스마트하고 매혹적으로 바꿔주는 잠재성이 있다. 심지어 쓰레기통마저 매혹적으로 바꿔준다. 아마존은 다 쓰고 버리는 물건을 새로 주문해주는 스캐너 달린 스마트 쓰레기통을 출시했다. 좀 더 정확히 말하면 쓰레기통 옆에 붙어 버려지는 물건의 바코드를 스캔하는 지니캔Geni Can이란 이름의 정기 구매 프로그램이다. 생수나 샴푸 등을 다 쓰고 빈 통을 쓰레기통에 버릴 때 바코드를 지니캔의 스캐너로 인식시키면 해당 상품이 아마존 쇼핑몰에 자동으로 재주문된다. 쇼핑 리스트를 만들었다가 마트에 가서 사 오는 번거로움을 단번에 해결해준 것이다.

아마존은 지니캔과 같은 자동 물품 보충 프로그램을 여러 회사들과 손잡고 다양하게 개발했다. 하니웰Honeywell 공기청정기는 필터 교체 시

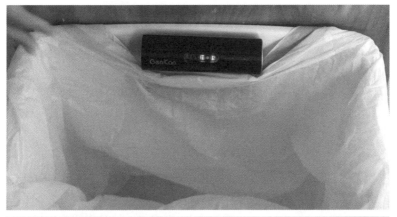

기가 되면 아마존에 알아서 필터를 주문한다. 네슬레Nestlé 베이비네스 BabyNes는 스마트폰과 연동해 아기의 영양 상태를 지속적으로 확인하고, 아기에게 필요한 영양 캡슐 등을 아마존으로 주문할 수 있게 했다.

예측 기술을 통해 편리함을 제공할 수도 있다. 위주Wezzoo가 개발한 움브렐라Oombrella는 일기예보를 해주는 스마트 우산이다. 온도와 습도

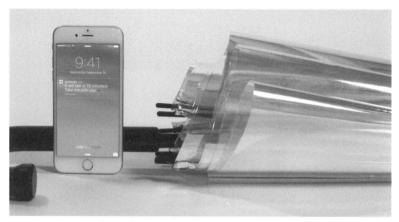

"oombrella lets you know if you've left it behind."

날씨를 알려주는 스마트 우산, 움브렐라

를 측정하고, 기상정보를 감지한다. 사람이 일기예보를 확인하지 않더라도 현관에 있는 움브렐라가 오늘 비가 내릴 것 같으니 자기를 가져가라고 신호를 보낸다. 블루투스로 연결돼 있어 놓고 가면 스마트폰에서 알람이 울린다.

이처럼 '너 편리하게'의 시장은 매우 크다. 기술을 융합해 편리성을 높이는 매혹적인 상품을 만든다면 많은 사람들부터 열렬한 사랑을 받게 될 것이다.

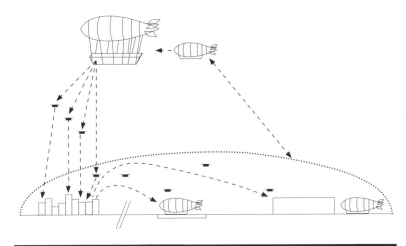

아마존의 하늘 위 물류 센터

'더 빨리' 또한 소비자가 원하는 매혹적 가치다. 유통 분야에서는 타사보다 더 빠르고 정확하게 배송하기 위한 경쟁이 치열하다. 그런데 아마존의 경쟁 방식은 좀 다르다. 2013년 드론을 이용한 배송 시스템인 '프라임 에어prime air' 계획을 발표하고, 2016년 12월 첫 배달에 성공했다. 영국 케임브리지에 있는 농가에서 주문한 텔레비전 셋톱박스와 팝콘 한 봉지가 든 약 2킬로그램 정도 되는 택배 상자를 단 13분 만에 배달한 것이다. 이제 드론은 비용은 낮추면서 속도는 획기적으로 단축시키는 혁신적인 대안이 됐다.

아마존은 여기에 그치지 않고 더 대담한 실험을 시작했다. 드론으로 많은 물량을 빠르게 배송하기 위해 비행선 형태의 대형 물류 창고를 개발한 것이다. 이 공중 물류 센터는 수많은 드론과 제품을 싣고 14킬로미터 상공을 날아다니다가 고객이 예약한 내용에 맞춰 물건을 배송

해준다. 지상의 물류 센터에서 무거운 박스를 든 드론을 공중으로 띄워 배송시키는 데 들어가는 많은 에너지와 시간과 비교하면 엄청난 차이다. 소비자들은 주문한 물건을 하루 만에, 나중에는 1시간 안에 받게 될 것이다. 엄청난 유통 혁명이 벌어지고 있는 셈이다.

또 한 가지 융합이 만들어내야 할 매혹적 가치는 '더 싸게'다. 3D 프린팅 기술이 다양한 분야와 융합하며 제조 혁명을 일으키고 있다. 미국의 건축 회사 아피스코어는 120평 규모 주택을 3D 프린팅을 통해 단 하루 만에 지었는데 건축비는 채 3,000만 원도 들지 않았다.

아디다스가 만든 러닝화 3D러너3D Runner는 발 맞춤 쿠셔닝 및 최상의 지지력을 유지해주는 아라미스 기술이 적용됐고, 특수 소재가 사용됐다. 이런 고품질의 맞춤형 신발을 소량만 만들면서도 비용은 기존 방식으로 신발을 만들 때의 10분의 1밖에 들지 않는다.

게다가 3D 프린팅은 필요할 때 필요한 만큼만 만들 수 있어 재고를 창고에 쌓아둘 일이 없다. 즉 재고 비용이 제로다. 현지에 3D 프린팅 팩토리를 만들어 직송할 수도 있고, 물류 창고에 들를 필요가 없으니 운송비도 낮아진다. 비용에 대한 개념이 과거와 전혀 다르다. 기술 융합은 이렇게 파격적인 원가 혁명을 일으킬 수 있다.

끝으로 융합이 빠뜨려서 안 되는 것은 '더 아름답게'다. 말하자면 심미성을 갖춰야 한다는 뜻이다. 인간은 심미적 동물이다. 좋아 보이는 것에 끌리기 마련이나. 테슬라가 전기차를 선보일 때 배터리, 전기차용 동력전달장치, 전기모터 등 기술적인 성능에 대한 준비를 많이 한 것도 사실이지만, 처음 모델을 내놓을 때 가장 중시했던 것은 기술 자체

가 아니었다. 바로 브랜드였다. 일론 머스크는 디자인이 매우 섹시하고
세련된 자동차를 만들도록 지시했다. 그는 고가의 고성능 전기차로 혁
신가들을 먼저 공략한 후 합리적인 가격의 전기차를 출시해 대중을 공
략하는 전략을 펼쳤다. 이렇게 해서 나온 것이 바로 로드스터Roadster다.

이 차를 통해 먼저 전기차에 대한 인식을 완전히 바꾼 후, 다른 전기
차를 출시해 전기차 시장을 넓히려는 계획이었다. 아무리 혁신적인 시
도라도 허접한 차로 사람들의 인식을 바꿀 수는 없었다. 누구나 몰아
보고 싶은 전기차를 내놓는 것이 중요했다. 그래서 테슬라는 아름답고
탐나는 전기차로 소비자들을 만족시키기 위해 노력했다. 사람들이 전
기차에 대해 막연히 가지고 있었던 이미지, 즉 골프 카트 같은 차를 버
리고, 누구나 꿈꾸는 페라리 같은 차를 내놓은 것이다. 실리콘밸리에

모델S(위) , 모델3(아래)

뿌리를 둔 테슬라가 100퍼센트 순수 전기차를 고급 스포츠카로 출시한다는 것은 매우 이례적이었다.

당시 사람들은 아직 전기차가 생소했고, 자동차업계조차 전기차에 별로 관심이 없었다. 그런 상황에서 테슬라는 대형 자동차 회사들처럼 막대한 비용을 들이지 않고도 시장에 진입했다. 그리고 심미성을 중시하며 소비자의 욕망을 만들어나갔다.

전기차에 대한 인식이 많이 바뀐 지금은 어떨가? 테슬라가 모델3의 예약 판매를 시작한 지 1주일 만에 32만 5,000대 이상이 팔렸다. 예약 판매액은 136억의 날러가 되었다. 그다음에 출시한 모델S는 예약판매 하루 반나절 만에 25만 대가 팔려, 106억 달러라는 놀라운 판매액을 기록했다. 심미성으로 시작한 덕이 크다고 본다.

이처럼 융합은 소비자 중심으로 이루어져야 한다. 이질적인 아이디어의 결합은 전치 효과처럼 그 자체로 색다른 창조 작업이다. 그러나 아무리 가치가 뛰어나다 해도 소비자의 니즈와 맞지 않는다면 시장에서 성공하지 못한다. 융합은 궁극적으로 소비자가 원하는 가치를 충족시킬 강력한 효력을 발휘한다. 이를 위해 미래 소비자의 니즈를 정확히 통찰하는 것이 얼마나 중요한지는 굳이 설명할 필요도 없으리라.

6장

역량 증폭으로
지배력을 높인다

Technology Quotient

전략적 변곡점의 시작,
세팅

전략점 변곡점은 인텔의 회장이었던 앤디 그로브Andy Grove가 한 말로, 거대한 도약을 일으키는 결정적인 변화를 가리킨다. 실제로 앤디 그로브는 1980년대에 곧 PC가 대중화되리라 내다보고, 인텔의 반도체 사업을 메모리칩 중심에서 마이크로프로세서 중심으로 전환해 훗날 PC 반도체 시장을 장악할 전략적 변곡점을 만들었다. 지금 우리가 기술지능을 이야기하는 까닭 역시 기술로 개인 역량을 증폭시키고, 나아가 거대한 전략적 변곡점을 만들기 위해서다.

전략적 변곡점을 만드는 데는 순서가 있다. 바로 세팅Setting, 베팅Betting, 빌딩Building이다.

세팅은 증폭이 쉽게 이루어지도록 먼저 유리한 조건을 조성하는 것이다. 이 단계를 무시하면 도약을 방해하는 걸림돌이 사방에서 튀어나올 수 있다.

잭 웰치는 1981년에 GE CEO에 임명되고부터 2001년에 퇴임할 때까지 매출을 250억 달러에서 1,250억 달러로 500퍼센트 늘렸고, 회사의 시가총액을 120억 달러에서 4,500억 달러로 3,800퍼센트 불렸으며, 기업 인수 합병 1,700여 건을 성사시켰다. 〈포천Fortune〉은 2006년 지난 100년간 최고의 훌륭한 경영자로 잭 웰치를 선정했다.

그런 잭 웰치를 2016년 여름 뉴욕에서 만나 이야기를 나눌 기회가 있었다. 그는 여든 넘은 노장이 됐지만 여전히 상대를 압도시키는 강한 에너지를 뿜어냈다. 내가 GE를 이끌면서 가장 신경 쓴 일이 뭐냐고 물어보자, 명쾌한 대답이 돌아왔다.

"고쳐라! 팔아라! 아니면 폐쇄하라!"

실제로 잭 웰치는 시장이 변하는 속도를 따라가지 못해 성과가 지지부진한 사업부를 모두 없애거나 매각했다. 결국 그가 CEO로 있는 동안 170여 개 사업부 중 110개가 정리됐다. 일례로 1982년에는 에어컨 사업부와 전기다리미 공장 폐쇄, 1983년에는 소형 가전제품 사업부 일체 매각, 1984년에는 건실하게 수익을 올리던 유타 탄광 사업부 매각, 1987년에는 주력 사업인 텔레비전 가전 부문을 매각했다. 누가 봐도 괜찮은 사업들이었다.

왜 잘나가는 사업부를 정리했느냐고 물어보니, 잭 웰치는 "선두가 돼 시장을 지배하려면 먼저 토대를 다져야 한다"고 대답했다. 그는 이런 신념에 따라 주주들이나 직원들의 많은 비판에도 불구하고 모든 것을 바꿨다. 악습을 없애고, 조직 역량을 새로이 하고, 낭비 요소를 모두 제거했다. 그는 오직 "승리하고 싶다면 먼저 승리할 조건을 갖춰라"는 자신의 철학에 따라 행동했다. 그리고 실제로도 승리의 기반을 다진 다음 막강해진 조직 역량을 무기로 다양한 시장 개척에 성공했다.

GE는 1995년 기업 사상 최초로 시가총액 1,000억 달러를 돌파했고, 바로 다음 해인 1996년에는 시가총액 1,500억 달러를 넘겨 미국 최대 수익 기업으로 도약했다. GE는 모든 면에서 유리한 게임을 할 수 있었다.

　　그런데 재미있게도 잭 웰치가 은퇴한 이후 바톤을 이어받은 제프리 이멀트 역시 잭 웰치가 다져놓은 GE를 소프트웨어 기업으로 전환할 것이라 선포하며, 기존의 패러다임에 젖어 있는 사업부를 전면 개편했다. GE에게 높은 수익을 안겨주던 GE캐피털GE Capital까지 처분하는 등 터빈, 엔진 같은 핵심 제조 설비에 센서, 빅데이터, 소프트웨어 등을 결합해 4차 산업혁명 환경에 적합한 통합 솔루션 시장을 장악하는 데 불필요한 잔재들을 정리한 것이다.

　　어떤 사람은 그럼 무조건 이전 것을 버려야 하느냐, 기존에 일하던 사람들을 다 바꿔야 하느냐고 물을지도 모르겠다. 골자는 새로운 도약을 하려면 준비 작업이 필요하다는 것이다. 시스템과 프로세스와 사람이 이전 패러다임에 갇혀 있지 않은지 살펴야 한다. 새로운 기술로 역량을 증폭시키는 데 방해되지는 않을지 살펴야 한다.

　　시장을 창출하는 데는 막대한 자본이 들어간다. 기존 사업들을 처분해 새로운 사업에 투자할 재정적 여력을 마련해야 할 수도 있다. 그렇게 아픔을 감내해내고 세팅을 성공적으로 이끌어내면 역량을 증폭시켜 거대한 도약을 이뤄낼 가능성이 더욱 높아진다.

증폭의 확대,
베팅

뿌린 대로 거둔다는 말을 뒤집어보면, 뭔가를 거두려면 반드시 뭐라도 뿌려야 한다는 뜻이 된다. 세팅을 마쳤다면 이제 본격적으로 가치를 창출하기 위한 액션에 들어가야 한다. 바로 베팅이다. 위대한 도약에는 언제나 과감한 베팅이 있었다.

일론 머스크는 2000년, 온라인 거래 기술에 투자해 간편한 개인 간 지불 방식으로 금융 산업의 지형을 바꿨다. 바로 페이팔이다.

2002년에는 자비를 무려 1억 달러나 들여 우주에 베팅했다. 100만 명을 화성으로 이주시켜 인류를 다행성에 거주할 수 있도록 만든다는 비전을 갖고 스페이스엑스를 세운 것이다.

2004년에는 도로에 베팅했다. 모빌리티업계를 뒤집어놓고 있는 전기차 테슬라다. 지속 가능한 에너지로 인류의 운송 환경을 한 단계 도약시키는 것이 비전이다.

2006년에는 에너지 시장에 베팅했다. 화석 연료에 의존하는 전기 생산을 줄이고, 지속 가능한 에너지의 대중화를 앞당기기 위해 태양광 회사인 솔라시티를 설립했다. 솔라시티는 2012년에 상장, 현재 미국에서 가장 큰 태양열 패널 설치 회사가 됐다.

2017년, 일론 머스크는 뉴럴링크Neuralink라는 회사를 설립해 뇌 과학에 베팅했다. 그가 주목한 기술은 '전자 그물망neural lace'이다. 전자 그물망을 액체 상태로 뇌에 주입하면, 그것이 특정 부위에서 최대 30배로 펼쳐져 뇌세포들 사이에서 일어나는 전기신호와 자극을 감지한다. 뇌에 일종의 인공지능 컴퓨터를 심어서 지능이 뛰어난 인간을 만들겠다는 발상이다.

이렇듯 일론 머스크는 우주, 도로, 에너지에 이어 뇌 과학에 과감하게 베팅하며 새로운 역사를 만들어가고 있다. 베팅에는 몇 가지 법칙이 있다.

첫째, 베팅하지 않으면 아무 일도 일어나지 않는다. 아무 일도 일어나지 않는다는 말은 안정적인 상태가 유지된다는 의미가 아니다. 빠르게 바뀌는 환경 속에서 혼자만 가만히 있는 것은 곧 도태다. 격변기에는 베팅하거나 도태되거나 둘 중 하나다.

둘째, 모든 베팅은 변화를 일으킨다. 일론 머스크가 전기에너지 차량을 내놓은 이후 시장에서는 파괴 현상이 일어났다. 기존의 자동차 생태계에 몸담고 있는 사업가들은 사업의 미래를 걱정했다.

아이폰이 세상에 나온 이후 휴대폰에 대한 모두의 인식이 근본적으로 바뀌었고, 산업의 패러다임까지 달라졌다. 손안의 PC를 구현하는 아이패드가 출시되면서 태블릿 산업에 혁명이 일어났다. 새로운 기술을 출시하면 기존의 사업을 철수해야 하는 상황도 맞이하게 된다. 베팅은 크건 작건 변화를 일으킨다.

셋째, 모든 베팅에는 희생이 따른다. 일론 머스크는 테슬라를 설립할 때 630만 달러를 들였다. 그런데 초기에 미진한 시장 형성과 자금 압박으로 파산 위기에 처했고, 미국 정부의 원조 덕분에 가까스로 회생했다.

GE는 텔레비전 사업을 정리하고 의료 기기와 엔진 사업에 베팅했는데, 소프트웨어 역량을 확보하기 위해 천문학적인 돈을 쏟아부었다.

이런 사람들과 달리 보통 사람인 우리는 대부분 베팅에 머뭇거린다. 실패할 위험이 있기 때문이다.

테슬라의 대항마로 거론되는 패러데이퓨처는 전기차 사업을 확대하는 과정에서 자금난에 처한 상태다. 라스베이거스에 세울 예정이었던 공장은 2017년 4월 처음 계획에서 4분의 1 규모로 축소됐다. 당초 연간 15만 대를 생산할 수 있는 공장을 짓겠다고 했으나, 축소한 공장은 연간 1만 대 정도다. 우수한 기술력을 가졌음에도 불구하고 자금난 때문에 곤경에서 벗어나기가 어려운 지경에 이르렀다.

그래서 우리는 괜히 뭔가를 바꿨다가 지금보다 못하게 될까 걱정한다. 또 베팅하기 전에 가능한 많이 공부하고 정보를 얻어야 하는데, 그러기 싫어 현실에 안주하기도 한다. 그러나 크게 도약해 위대한 업적을 이루고자 한다면 리스크를 감수하고, 노력해야 한다. 결과적으로 따져보면, 새로운 것을 시도해서 실패하는 것보다 아무것도 하지 않아서 기회를 잃어버리는 손실이 더 크다.

세상이 빠르게 변화하는 상황에서는 가만히 있는 것을 가장 경계해야 한다. 베팅은 모든 혁신가와 기업이 주도적으로 해야 할 숙제다.

4차 산업혁명은
빅베팅의 시기

4차 산업혁명 시대는 변화가 산업 단위로 일어난다. 이 시기에 하는 베팅 하나가 거대한 시장을 만들어낼 수도 있다는 뜻이다. 그러니 시장을 만들겠다는 담대한 비전으로 베팅에 임해야 한다. 데이비드 요피 교수는 "시장을 지배하는 근본적인 흐름을 읽고 산업의 변화를 이끌 때 거대한 시장을 창출할 수 있다"고 했다. 실제로 위대한 CEO들은 세상을 근본적으로 바꾸고자 하는 비전으로 빅베팅을 시도했다.

스티브 잡스는 무려 네 가지 산업을 탄생시켰다. 1970년대에는 오늘날의 PC 산업을 탄생시켰다. 2000년대에는 아이팟과 아이튠즈로 음악 산업의 구조를 바꿨다. 이후 휴대폰 산업을 근본적으로 재편하는 데 성공해서 현재 애플의 핵심 사업 분야로 만들기도 했다. 마지막으로 태블릿 산업을 만들었다.

한 가지 흥미로운 점은 상품을 광범위하게 팔려면 유통이 매우 중요한데, 애플은 유통 분야에 전혀 경험이 없었다는 점이다. 또한 애플의 경쟁사들은 유통 영역에서 큰 실패를 거듭했다.

예를 들어 경쟁사였던 게이트웨이Gateway는 성능이 좋은 IT 제품을 소비자에게 내놓았지만 정작 시장에서 원활히 확산되지 못해 고전을 겪었다. IT 시장에서 유통에 에너지를 쏟는 일은 매우 드문 케이스였다. 스티브 잡스는 아이팟과 아이폰을 성공적으로 출시하는 열쇠가 유통이라는 사실을 깨닫고, 유통에 힘을 기울여 끝내 애플을 세계적인 유통업계의 거인으로 만들었다. 이는 매우 중요하지만 업계 전체가 놓치고 있던 영역에 대담하게 베팅해 성공한 경우다.

빌 게이츠는 오늘날과 같은 소프트웨어 산업을 만들었다. 원래는 IBM 같은 하드웨어 회사가 소프트웨어도 함께 만들었다. 그런데 빌 게이츠가 이를 별도의 사업 분야로 만든 것이다. 그는 소프트웨어가 앞으로 세상을 이끄는 엔진이 될 것이라는 비전을 갖고 모든 역량과 자원을 투자했고, 결국 거대한 소프트웨어 왕국을 만들었다.

잭 웰치를 인터뷰했을 때의 일이다. 그가 오늘의 GE가 있기까지 몇 가지 베팅이 중요한 역할을 했다고 고백했다. GE는 1980년대 초반, 새로운 사업에 적극 뛰어들었다. 한 가지 예로 텔레비전 사업에서 손을 떼고 의료 기기 사업에 진출했다. 비슷한 시기에 삼성전자는 텔레비전 사업에 베팅해 오늘날 훌륭하게 성장시켰지만, 잭 웰치가 구축한 의료 기기 사업에 비하면 규모와 이익 면에서 크게 뒤진다.

그러나 잭 웰치의 최대 베팅은 GE캐피털 육성이었다. 1994년 잭 웰치는 "2000년대가 되면 GE는 100퍼센트 서비스 회사로 전환될 것"이라며 금융 서비스 사업 부문을 한층 강화했고, GE캐피털을 통해 신용카드, 리스, 생명보험 회사 등을 매수했다. 이후 제조와 금융 서비스 분야의 융합으로 시너지를 창출하는 전략을 펼쳤다. 제품만 파는 것이 아니라, 제조와 금융을 한데 묶어 제조업의 경쟁력을 강화한 것이다. 이 금융 서비스가 GE 전체 수익의 절반, 이익의 절반 이상을 거둬들였고, 결국 GE라는 기업 자체를 새롭게 정의했다.

지금은 소프트웨어라는 새로운 분야에 베팅하기 위해 금융 서비스 부문을 축소시켰지만, 금융 서비스로부터 창출된 가치가 오늘의 GE를 만들어줬고, GE가 새로운 미래에 베팅하는 데 필요한 자양분이 되고 있다.

4차 산업혁명 시대는 여러 산업에 걸쳐 구조적인 변화가 일어난다. 그런데 산업의 구조적인 변화를 보고 빅베팅을 할 때 딜레마에 빠지기 쉽다. 가장 큰 이유는 수익을 추구하기 때문이다. 산업의 판도를 바꿀 만한 혁신은 시간이 걸리고 위험하고 매우 불확실하다. 대체로 당장의 계산상 투자 수익이나 이득이 적다. 현재의 수익이 중요한 상황에서 이 불확실한 대안에 베팅하기란 매우 어렵다. 그러나 단기적인 수익을 극대화하기 위한 베팅만 하다 보면 장기적으로 리스크가 커진다.

단기적 수익에만 연연하다가 결국 몰락하고 만 대표적인 사례가 바로 코닥Kodak이다.

코닥은 단기적 베팅에 매우 뛰어났다. 모든 공정을 최적화하는 능력이 탁월했다. 품질은 뛰어나고, 비용은 낮으며, 수익은 대단히 높았다. 하지만 끊임없이 수익만 추구하면 변화에 대응하기 어렵다. 결국 코닥은 파괴적 혁신을 맞닥뜨렸고, 2016년에 사옥을 폐쇄하기에 이르렀다.

미래를 보고 혁신적, 창의적으로 행동할수록 현재의 상황은 혼란스럽고 불확실해진다. 그러나 지금 가장 확실하고 단기적 수익성이 높은 일을 추구하면 개인이나 기업을 막론하고 미래가 불확실해진다.

거대한 산업을 일으킨 인물들을 보면 당장의 수익이 아닌 장기적 비전에 베팅했다는 것을 알 수 있다.

오늘날의 인텔을 만든 주역은 앤디 그로브다. 그는 1987년 인텔의

CEO로 있던 중 반도체 산업의 구조가 근본적으로 바뀌리라 예견했다. 당시 반도체 시장은 크게 메모리칩과 마이크로프로세서 두 종류가 주도했다. 인텔은 메모리칩을 박리다매로 팔아 큰 수익을 올리고 있었다. 앤디 그로브는 PC가 점점 인기를 끌고, 마이크로프로세서가 PC에서 플랫폼 역할을 할 것이라 생각했다.

그래서 인텔의 주력 제품을 마이크로프로세서로 바꾸고, 나아가 마이크로프로세서에 브랜드를 입히려고 했다. 브랜드에 따른 고객 충성도를 높여 새로운 수익을 만들어내고, 인텔을 성장시킬 기회로 본 것이다. 정말로 엄청난 전략적 베팅이었다. 대부분 사람들이 뭔지도 모르고, 기능도 모르는 제품에 브랜드를 입힌다는 것은 당시로서는 너무나 생소한 발상이었다. 앤디 그로브의 베팅에는 수십억 달러가 들었다. 컴퓨터 산업의 미래 수요를 100퍼센트 감당할 수 있는 생산 능력을 갖추기 위해 어마어마하게 투자한 것이다.

이후 IBM PC가 선풍적인 인기를 끌면서 PC가 급속도로 보급되자 PC에 들어가는 마이크로프로세서의 자리는 인텔의 독무대가 됐다. 앤디 그로브의 주도로 386이나 펜티엄 같은 프로세서가 탄생했고, 지금과 같은 브랜드가 될 초석이 마련됐다.

현재 인텔은 컴퓨터용 CPU의 80~90퍼센트를 공급하고 있다. 클라우드와 데이터 센터용 CPU는 90퍼센트 이상 공급한다. 결국 앤디 그로브의 큰 베팅은 인텔의 역량을 엄청나게 증폭시키면서 인텔을 세계 최대 반도체 회사로 만들었다.

지금은 다들 앤디 그로브의 베팅이 탁월하다 하겠지만, 당시 그가 마이크로프로세서에 베팅하던 상황을 돌이켜보면 기업을 매우 불확실하게 만드는 위험한 행동이었다. 이사회와 직원들 모두 크게 반대했다. 만일 그로브가 내외부의 저항에 못 이겨 메모리칩 판매만을 고수했다면 지금의 인텔이 있을까?

앤디 그로브가 주는 교훈을 한마디로 요약하면 이와 같다.

"미래의 불확실성을 줄이기 위해 현재의 불확실성에 베팅하라."

핵심은
언제나 타이밍이다

베팅은 리스크가 크기 때문에 과감하되 전략적으로 접근할 필요가 있다. 무엇보다 타이밍을 고려해야 한다.

빌 게이츠는 컴퓨터 운영체제를 만드는 마이크로소프트를 창업했다. 그런데 처음부터 윈도 운영체제를 주력으로 내세우지는 않았다. 운영체제를 내세우면 PC 시장을 주도하던 IBM과 전면전이 불가피해지고, 이는 기업 존폐로 이어질 수 있기 때문이었다.

그래서 빌 게이츠는 IBM과 경쟁하지 않는 분야에서 이익이 쌓일 때까지 기다렸다. 바로 MS오피스다. OS2와 윈도를 놓고 벌이는 IBM과의 전쟁에서 진다 하더라도 MS오피스로 사업을 이어나갈 수 있도록 한 것이다. 기다림은 곧 최적의 타이밍을 찾는다는 뜻이다. 이것이 바로 리스크를 줄이면서 최적의 성과를 내는 베팅 방법이다.

타이밍은 인생과 사업의 명운을 좌우할 정도로 중요하다. 1997년, 스티브 잡스는 애플로 돌아오자마자 회사의 리스크를 줄였다. 베팅하기 좋은 타이밍을 기다렸고, 외부 자본을 끌어들여 위험한 상황에 대한 가능성을 차단했다. 데이비드 요피 교수는 당시 인텔 이사로 재직하면서 고객사였던 애플에 대해 큰 의문을 품고 있었다고 고백했다.

매킨토시Macintosh의 시장 점유율이 매년 줄어들었는데, 그 이유 중 하나가 인텔의 프로세서를 잘못 골랐기 때문이었습니다. 무겁고 큰 마이크로프로세서 때문에 노트북을 더 얇고 가볍게 만들지 못했고, 강력한 하이엔드 컴퓨터를 만들 수도 없었습니다. 잡스가 왜 새로운 마이크로프로세서를 장착해 차세대 매킨토시를 개발하는 데 베팅하지 않을까 의문이었습니다.

잡스가 어리석어 보이는 결정을 내린 이유는 매킨토시가 실패할 경우 애플이 파산하기 때문이었다. 잡스는 매킨토시를 확장시키고, 인텔 X86 프로세서로 전환하는 것은 아이팟의 사업 규모가 탄탄해질 때까지 기다려야 한다고 내다봤다. 매킨토시가 살아남지 못해도 애플은 살아남아야 했기 때문이다.

타이밍을 잘 맞추기 위해서는 일의 주기를 꿰뚫고 있어야 한다. 잭 웰치는 고효율·고출력 제트엔진과 터빈 개발에 수십억 달러를 투자했다. 추력 효율이 높은 고온 터빈을 만들려면 수십억 달러가 든다. 그 성공 여부는 3~5년 뒤에나 알 수 있다. 이런 투자는 성과를 보기까지의 주기가 길기 때문에 그 자체가 큰 도전이다.

반면 투자한 즉시 성공 여부를 알 수 있는 기술도 있다. 예를 들어 CT 촬영 장비는 개발 주기가 짧았다. 신규 MRI 장비도 마찬가지였다. 이 프로젝트는 주기가 18개월 정도라 문제가 생겨도 빠르게 해결할 수 있었다. 잭 웰치는 프로젝트 주기를 명확하게 파악하고, 이를 바탕으로 언제 베팅할지 판단해야 한다고 강조했다.

베팅 타이밍을 잘 맞추기 위해서는 절제가 필요하다. 지나친 자신감과 확신 때문에 성급하게 베팅했다가 큰 손실을 입을 수도 있으니 말이다.

앤디 그로브는 회사가 성장하는 동안에도 편집증적으로 절제해야 한다고 강조했다. 사실 인텔이 주력 제품을 마이크로프로세서로 전격 전환했을 때 기업 전체를 걸고 베팅하는 것처럼 보였다. 386 프로세서의 유일한 공급 업체가 되기 위해 불확실한 시장에 수십억 달러를 쓴다는 비판을 받기도 했다.

하지만 인텔의 행보를 자세히 보면, 비전은 컸지만 이를 실행하는 베팅은 매우 조심스러웠다는 것을 알 수 있다. 무엇보다 새로운 기술에 대한 설비 투자 규모를 역대 평균 수준 이상으로 늘리지 않아, 예측한 수요가 일어나지 않더라도 감당하지 못할 일이 일어나지 않도록 했다. 또한 베팅을 여러 차례로 분산시켜 인텔이 파산 직전의 위기에 몰릴 가능성을 줄였다.

반대로 절제하지 못한 기업은 베팅에 실패했다. 노키아의 스티븐 엘롭Stephen Elop은 기업의 모든 역량을 한 OS에 쏟았다. 바로 MS윈도다.

나중에 휴대폰 산업이 스마트폰 중심으로 변했지만, 노키아는 호환이 잘되는 OS가 없어서 빠르게 대응할 수 없었다. 결국 베팅에 실패했고, 노키아는 마이크로소프트에 인수되는 아이러니한 최후를 맞이했다.

이에 비해 삼성은 OS를 윈도, 안드로이드, 바다 등으로 다각화해 위험을 줄이며 사업을 성장시켰다. 결과적으로 삼성은 안정적으로 성장, 노키아를 뛰어넘어 세계 최대의 휴대폰 회사가 됐다.

시장이 준비되기도 전에 너무 앞서가는 것 역시 베팅의 타이밍과 관련된 흔한 실수다. 조지 피셔George Fisher 코닥 CEO는 결국 필름이 사라질 것임을 알았다. 화학물질을 사용하는 필름에는 미래가 없으며, 장기적으로 디지털 사진이 자리를 잡는다고 봤다. 실제로 변화에 대한 해석은 정확했다. 문제는 이런 전망을 무려 20년 전에 했다는 사실이다. 코닥은 1975년 세계 최초로 디지털카메라를 개발했고, 디지털 기술에 투자도 많이 했다.

그러나 당시 디지털 기술은 비용이 너무 많이 들어가는 데 반해 품질이 좋지 않았다. 아직 준비되지 않은 제품에 엄청난 돈을 투자한 것이다. 그러다 보니 생산적이지 못한 카니발라이제이션이 일어났고, 이는 조직 갈등을 더욱 부추겼다. 코닥은 상황을 정밀하게 분석하고, 와해성 혁신을 장기적으로 천천히 진행했어야 했다. 타이밍의 중요성을 잘 보여주는 사례라고 할 수 있다.

RWW 판별법으로
적중률을 높여라

좋은 타이밍을 잡았다면 실제로 베팅하기 전에 엄격하게 평가해봐야 한다.

3M은 진짜 기회인지 알아보기 위해 세 가지 질문을 던진다. 바로 'RWW 판별법'이다.

R Real은 '이 기회가 진정한 기회인가'에 대한 평가다. 이 기술이 정말 역량을 증폭시킬지, 시장이 정말 존재하는지 확인하는 것이다. 3M은 이런 기준으로 1,500개 이상 프로젝트를 가려서 진행했다. 개발 팀을 총동원해 수많은 질문을 던지고, 모든 가설에 이의를 제기해보고, 각종 인터뷰와 증거를 통해 확실한 정보를 얻었다. PC 사생활 보호 필름 같은 엄청난 제품도 이런 과정을 거쳐 개발됐다.

W Win는 새로 도입한 기술로 시장에서 승부를 볼 수 있는가다. 즉 경쟁력이 있는지 따져보는 것이다. 4차 산업혁명의 신기술은 경쟁자조차 없는 새로운 시장을 만드는 경우가 많기에 이 질문에 대한 답을 내리기 어려울 수도 있다. 그러나 계속 역량을 유지할 수 있는지, 역량을 받쳐줄 만큼 재정이 충분한지, 시장의 변화나 이슈를 따라갈 수 있는지 등을 통해 최대한 경쟁력 여부를 고려해야 한다. 확실한 차별성을 만들 수 있는지가 매우 중요하다.

진정한 기회인지, 경쟁에서 이길 수 있는지 알아본 다음에 비로소 마지막 W Worth it, 즉 할 가치가 있는지 따져봐야 한다. 수익을 가져다주는

지, 장기적인 성장의 발판이 되는지, 큰 성장을 위한 배움의 기회가 되는지 등을 진지하게 성찰해봐야 한다. 대부분은 재무분석부터 한다. 하지만 기회에 대한 근본적 고찰이 결여된 상황에서는 아무 소용이 없다. 진정한 기회이고 이길 승산이 있는가 물었을 때 긍정적으로 답할 수 있을 때에야 비로소 가치를 따져볼 수 있다.

진정한 기회인가R, 경쟁에서 이길 수 있는가W, 그리고 할 만한 가치가 있는가W. 이 모든 조건이 충족된다면 당연히 더할 나위 없이 좋은 기회일 것이다.

그런데 주의할 점이 있다. 21세기 경쟁의 특징은 새로운 기술을 활용하는 새로운 경쟁자가 새로운 비즈니스 모델을 들고 들어온다는 점이다. 따라서 와해성 혁신에 대해 주의를 기울여야 한다. 경쟁자가 가지고 들어오는 새로운 방식의 기술이나 비즈니스 모델은 기존 경쟁자들의 비즈니스 모델과 단순히 다른 차원을 넘어 그들의 수익원을 무력화시키는 경우가 많다.

수십 년 동안 미국의 비디오 대여 시장을 주도해온 블록버스터Blockbuster가 파산 신청을 한 결정적인 이유는 넷플릭스라는 신생 기업의 등장이었다. 블록버스터가 넷플릭스를 상대하면서 가장 당혹스러워한 부분은 바로 넷플릭스가 사람들에게 연체료를 물리지 않는다는 것이었다. 넷플릭스는 20달러 정도의 연회비만 받고, 사람들이 원하는 만큼 영화를 보여줬다. 약속된 기간에 비디오를 반납하지 않는 사람에게 물리는 연체료가 순이익의 60~70퍼센트나 됐던 블록버스터에게는 치명타였다.

이 밖에도 비슷한 와해성 혁신을 쉽게 찾아볼 수 있다. 사람들은 중국 스마트폰 시장에서 돌풍을 일으키고 있는 샤오미를 삼성이나 애플 등 휴대폰 제조 회사들과 경쟁하는 새로운 스마트폰 회사라고 생각한다. 그런데 사실 샤오미는 모바일업계의 아마존을 노리는 모바일 이커머스 회사다. 모바일 이커머스가 활발해지려면 많은 사람이 스마트폰을 갖고 있어야 하는데, 샤오미가 설립되던 2010년에는 중국의 스마트폰 보급율이 10퍼센트도 채 되지 않았다.

결국 샤오미는 직접 스마트폰을 만들어 팔기 시작했다. 그러면서 스마트폰 판매가 근본적인 목적이 아니었기 때문에 5퍼센트 정도로 최소한의 이익만 낼 수 있도록 가격을 정했다. 최고 스펙의 최신 스마트폰으로 많은 이익을 달성해야만 하는 다른 스마트폰 회사들 입장에서는 상대하기가 매우 까다로운 경쟁자가 등장한 것이다.

앞의 사례들은 '과연 할 만한가'라는 마지막 기준에 대한 판단이 그리 쉽지 않다는 점을 잘 보여준다. 경쟁의 판 자체가 바뀌고 있다. 카니발라이제이션의 가능성뿐 아니라 이윤의 원천마저 사라지는 형태의 경쟁사가 등장했을 때 어떻게 대응해야 할까? 아니, 단순히 대응만 고민할 것이 아니라 선도적으로 이러한 기회를 활용할 수는 없을까? 이런 고민이 필요한 시대다.

역량의 완성,
빌딩

세팅과 베팅이 끝났다면 이제 빌딩 차례다. 빌딩의 가장 중요한 역할은 저변 확대다. 영업 사원이 잠재 고객의 범위를 넓히고, 정치인이 지지층을 넓히는 것과 똑같은 이치다.

그런데 저변을 넓히기가 말처럼 쉽지 않다. 제약이 수도 없다. 제품 영업을 예로 들면, 지리적으로 멀리 떨어져 있거나 텔레비전이나 인터넷이 연결되지 않는 지역에는 제품을 알릴 길이 없다. 지리적으로 가깝다 해도 회사의 네트워크가 미치지 않는 사람들에게는 제품을 알리는 데 제약이 있다.

제품을 알렸더라도, 그 제품을 필요로 하는 실수요자를 만드는 것은 또 다른 일이다. 제품을 필요로 하는 소비자 중에서 경쟁사 제품이 아닌 우리 회사 제품을 선택할 가능성은 더더욱 줄어든다. 고객 저변을 확대하는 것은 이러한 제약을 극복해나가는 것과 같다.

4차 산업혁명 시대에는 기술로 이러한 제약을 극복하고 저변을 넓힐 수 있다. 제프 베조스의 사례는 다양한 기술로 저변을 얼마나 창의적으로 넓힐 수 있는지를 생생하게 보여준다.

아마존은 1994년 작은 온라인 서점으로 시작했다. 인터넷 서점의 경우, 책을 팔고 남는 이익이 매우 적기 때문에 아마존은 대규모 물류 센터는 물론 인터넷 상품 등록, 검색, 구매, 배송 등 전자상거래와 관련된 모든 프로세스를 내재화하는 등 비용을 절감하기 위해 엄청나게 노력했다. 그 결과, 초저가를 추구하는 월마트Walmart보다 평균 5.4퍼센트 저렴한 값으로 물건을 팔았고, 사람들은 아마존으로 몰려들었다.

아마존은 초효율 전자상거래를 실현했다. 즉 가격을 낮춘 것이다. 이 초효율의 노하우를 다양한 품목과 사업에 적용시켜 종합 유통사로 발 돋움했다. 여기까지는 품목 다양화에 의한 횡적 확대라고 볼 수 있다.

그런 아마존이 갑자기 모바일 기기를 내놨다. 2007년 전자책 단말 기 킨들을 선보였고, 2011년 11월에는 초저가 태블릿 PC인 킨들 파이 어를 출시했다.

아마존이 모바일 기술을 도입한 이유는 고객 저변과 관련이 깊다. 그 동안 아마존에 접근하려면 PC를 통해야 했는데, 모바일 기기로도 가 능하도록 접점을 확대한 것이다. 당시 제프 베조스는 "사람들이 기기 를 '사서'가 아니라 기기를 '사용해서 돈을 벌고 싶다"고 밝히기도 했 다. 아마존은 '손으로 만질 수 있는 물건' 뿐 아니라 '디지털 콘텐츠' 영 역으로까지 취급 품목을 확장시키려 했고, 킨들은 디지털 거래가 활발 히 일어나도록 해줬다.

아마존이 드론을 이용해 배송하는 프라임 에어 시스템도 고객이 주 문하는 접점과 고객에게 배송하는 접점 사이의 거리를 줄이기 위해 개 발한 것이다. 이렇게 접점이 가까워지고 많아지면 아마존 이용량이 늘 어날 것이고, 드론을 사용해 1시간 이내 배송을 실현시킴으로써 아마 존은 시간을 장악하게 될 것이다.

아마존은 여기서 그치지 않았다. 아마존이 만든 에코는 인공지능 비 서 알렉사를 내장한 원통형 스피커다. 날씨나 뉴스를 알려주기도 하고,

궁금한 것을 물어보면 대신 검색해 음성으로 알려준다.

전자상거래 회사인 아마존이 인공지능 스피커를 출시한 의도가 뭘까? 역시 고객 저변을 넓히기 위해서다. 그런데 그 방법이 일반적인 차원을 넘어선다. 지금까지 사람들은 뭔가를 사고 싶으면 먼저 검색했다. 곧장 아마존으로 들어가는 것이 아니라 구글과 같은 검색 엔진에 먼저 가는 것이다. 아마존은 이미 고객의 첫 접점을 구글에게 빼앗긴 상태였다. 그런데 에코라는 새로운 디바이스가 끼어들면서 상황이 달라졌다. 아마존은 에코 덕분에 고객 최접점을 확보했다.

뿐만 아니라 아마존의 인공지능 비서 알렉사는 다른 회사의 냉장고, 텔레비전 같은 전자 기기에 탑재된다. 이 에코와 알렉사가 사람들 일상 곳곳을 파고들고 있다.

이렇게 전방위적인 최접점을 이용해 고객의 데이터를 얻고, 이를 새로운 제품 개발에 반영하면서 고객 기반을 더욱 넓히는 선순환 구조를 만든다.

아마존은 첨단 기술을 총동원, 시공간을 초월해 고객의 접점을 장악하고 있고, 이를 통해 다른 유통사들은 넘볼 수 없을 정도로 고객 저변을 엄청나게 확대했다.

네트워크와
증폭의 효과

4차 산업혁명 시대에는 기술 주도권을 갖는 소수가 시장을 독식한다. 시장 독식을 촉진시키는 근간은 네트워크 효과다. 네트워크 효과란 그 제품을 쓰는 사람이 많아질수록 소비자 자신의 가치가 커지는 것이다. 바로 수요 측에서 규모의 경제가 일어나는 것이다. 이 네트워크 효과를 빌딩하는 것이 매우 중요하다.

우버는 강력한 네트워크 효과를 실현시킨 전형적 사례다. 우버 이용자가 늘어나면 그만큼 운전자가 늘어나고, 운전자가 늘어나면 이용자 가까이에 우버 택시가 많아진다. 그러면 이용자가 기다리는 시간이 줄어들고, 고객 만족도가 높아진다.

스탠퍼드대학 출신 케빈 시스트롬Kevin Systrom이 2010년에 창업한 인스타그램은 1년 반 만에 페이스북이 10억 달러, 우리 돈으로 1조 2,000억 원에 육박하는 금액에 인수했다. 이때 인스타그램의 직원은 고작 14명이었다. 네트워크 효과로 가치가 높아진 인스타그램은 2016년 기준 실사용자 6억 명을 돌파해 전 세계 최대 사진 공유 SNS로 자리 잡았다. 페이스북에 인수될 당시 28세였던 창업자 케빈 시스트롬은 4억 달러를 벌었고, 이후에도 인스타그램의 가치가 더욱 높아지자 그의 재산은 2016년 기준 8억 달러가 됐다.

그럼 네트워크 효과를 얻기 위해서는 어떻게 해야 할까? 플랫폼을 장악해야 한다. 네트워크 효과는 제대로 된 플랫폼을 갖췄을 때 나타난다.

최근 들어 인공지능 영역의 플랫폼 전쟁이 한창이다. 세계적인 회사들이 인공지능 서비스 플랫폼 역할을 차지하기 위해 전쟁을 벌이고 있다.

2015년, 구글 회장이었던 에릭 슈미트는 알파고와 같은 머신러닝 기술로 구글의 클라우드 플랫폼을 구축하겠다고 선포했다. 버지니아 로메티Virginia Rometty IBM 회장은 2016년에 IBM이 인지 솔루션과 클라우드 플랫폼 회사로 새로이 출발한다고 천명했다.

왜 지금 인공지능 플랫폼일까?

인공지능이 플랫폼화되면 인공지능의 고차원적인 기능을 보통 사람들도 쉽게 이용할 수 있게 된다. 마이크로소프트가 PC 운영체제 시장을 90퍼센트 넘게 독점했던 것처럼, 인공지능 시대에도 플랫폼을 장악하는 회사가 많은 이점을 거머쥐게 될 것이다.

지금은 인공지능을 다루는 클라우드 앱 개발자가 1퍼센트도 안 되지만 2018년에는 50퍼센트가 될 것이라고 한다. 시간이 흐를수록 인공지능 기술을 사용하는 사람들이 많아질 것이기 때문에 인공지능 서비스의 주인공 자리를 차지하기 위해 많은 회사들이 경쟁을 벌이는 것이다.

그럼 어떻게 해야 플랫폼을 장악할 수 있을까? 마이클 쿠수마노 MIT 경영대학원 교수는 플랫폼을 구축하는 세 가지 원칙을 제시했다.

첫 번째는 개방성이다. 개방형 정책을 통해 타사나 전문가가 자사 제품과 서비스에 접목할 수 있게 해야 한다. 구글은 2016년 8월 데이터 분석과 머신러닝이 적용된 서비스인 '구글 클라우드 플랫폼GCP'을 내놨다. 기업용 클라우드 서비스 시장 공략에 나선 것이다.

구글은 과거에도 안드로이드를 모두에게 개방해 누구나 좋은 앱을 개발해 안드로이드 기반 스마트폰에서 구동될 수 있도록 했다. 이를 더 잘할 수 있도록 아예 IT 회사 입장에서는 영업 비밀에 해당될 법한 안드로이드 알고리즘 자체를 공개했다.

이제 구글은 딥러닝이나 자율주행차에 적용된 머신러닝과 딥러닝 알고리즘을 오픈소스로 공개하는 정책을 펴고 있다. 누구나 구글의 인공지능 알고리즘을 접할 수 있다. 이러한 정책은 세계적으로 구글 플랫폼에 맞는 다양한 인공지능 앱이 개발될 수 있도록 기폭제 역할을 할 것이다.

플랫폼을 장악하는 두 번째 원칙은 차별적 가치 제공이다. 아마존은 오래전부터 추천 서비스를 개발해왔다. 이 서비스는 아마존 웹 서비스AWS 위에서 아마존 머신러닝 서비스로 진화했다. 예를 들어 의류 회사가 아마존 웹 서비스를 이용한다고 해보자. 의류 회사가 고객 정보 데이터를 아마존 클라우드 서비스에 올리면, 아마존은 머신러닝을 통해 이 데이터를 검증하고 분석해 '추천 서비스 기능'을 제공해준다. 즉 의류 회사가 가장 궁금해하는 질문, "이 제품을 가장 좋아할 고객은 누구인가?" 혹은 "고객이 이 제품을 살까?"에 대해, 인공지능이 분석한 고도로 정제된 지식을 제공하는 것이다.

자기 사업 하기 바쁜 시장에서 이렇게 고도의 서비스로 타 기업의 경쟁력까지 높여주는 전자상거래 회사는 아마존이 유일하다. 동시에 아마존은 더 많은 고객 데이터를 얻고, 방대해진 데이터를 통해 더 성숙된 인공지능 서비스를 제공할 수 있게 된다.

아마존의 인공지능 비서 알렉사도 가전 시장에서 플랫폼으로 자리 잡고 있다. 가전제품은 이미 상당히 고도화됐기 때문에 기술적인 사양으로 차별화를 구현하기가 쉽지 않다.

예를 들어 그동안 텔레비전은 화질이 중심이었다. 그런데 이제는 웬만한 텔레비전은 소비자들이 원하는 화질 수준을 크게 웃돌기 때문에 기술적 성능으로 차별화할 수 없다. 그런데 인공지능 기반의 텔레비전은 차별화가 가능하다. 인공지능 기술이 없는 회사들은 아마존의 알렉사 알고리즘을 자사 기기에 탑재해 스마트 기능을 구현할 것이다.

플랫폼을 장악하는 세 번째 원칙은 대가 없는 제공이다. 무無에서 시작해 어느 시점까지는 성과가 없다는 점을 인정해야 한다. 협력적인 생태계를 구축하려면 외부 지향적이 돼야 한다. 자사가 가진 아이디어를 개방하고, 시스템, 기술, 자금을 협력사에 제공해야 한다. 협력사가 전적으로 신뢰하도록 만들어야 하고, 그들과 직접적으로 경쟁하지 않으리라는 절대적인 확신을 줘야 한다. 플랫폼을 구축하기 위해 상당한 돈이 들어갈 수도 있다.

비디오 게임 플랫폼을 출시했다고 해보자. 최고의 진입 방식은 비디오 게임 콘솔을 개발해 무상으로 배포하는 것이다. 페이스북도 초창기에 무료 회원 가입이라는 획기적인 전략을 써서 다른 회사들이 페이스북 플랫폼에 쉽게 앱을 만들고, 페이스북이 수집하는 정보로 사람들이 즐거워할 만한 기능을 만들게 했다.

페이스북 유저들이 흔히 사용하는 친구목록이나 좋아하는 그룹 관리 등 페이스북에 있는 다양한 기능들은 페이스북이 자체적으로 만든 것이 아니다. 다른 회사들이 페이스북이 오픈한 플랫폼에서 유저들이 사용하기 편한 새로운 기능들을 개발하고 페이스북에 선사한 것이다.

페이스북, 구글 안드로이드, 아마존 등 대부분 플랫폼 회사의 역사에서 알 수 있듯 무에서 시작한 여러 플랫폼이 기하급수적으로 성장한 이면에는 이런 원칙들이 있었다. 플랫폼이 구축된 서비스는 블랙홀처럼 사람들을 끌어모은다. 무엇보다 플랫폼은 모방이 어렵기 때문에 한 번 장악하면 오래 간다.

윌리엄 밀러 스탠퍼드대학 교수는 기술 기업들의 흥망성쇠를 50년 이상 지켜보면서 얻은 가장 중요한 교훈을 이렇게 이야기했다.

뛰어난 기술을 가진 기업이 실패하는 가장 큰 이유는 자신의 기술을 너무 사랑해서입니다. 기술적 통찰력은 기술에 대한 지식에서 얻지만, 기술을 통한 역량 증폭은 시장에서 찾아야 합니다. 왜냐하면 역량이 발휘되는 공간은 결국 시장이기 때문입니다.

일단 탁월한 기술이 있어야겠지만, 기술이 아무리 훌륭해도 이를 통해 역량을 발휘하지 못하면 아무 소용이 없다. 시장을 잘 이해해야 하고, 시장에서 저변을 넓히는 감각도 뛰어나야 한다. 무엇보다 수익을 오래 거둘 수 있는 시스템을 만들 수 있어야 한다. 그래야 우수한 역량이 빛을 볼 수 있다.

지금까지 기술지능을 이루는 다섯 가지 핵심 영역을 살펴봤다. 기술지능은 기술을 이용해 우리의 한계를 극복하고 역량을 드라마틱하게 증폭시키는 능력이다. 우리는 기술에 노련해야 한다. 다시 말해 기술에 숨겨진 가치를 잘 감지해내고, 자신에게 어떤 의미인지 남다르게 해석할 줄 알아야 한다. 또 기술의 힘을 자신의 역량으로 흡수하고, 다양한 기술적 아이디어를 자유자재로 융합해낼 수 있어야 한다. 이를 통해 궁극적으로 실제 역량을 증폭시켜야 한다. 미래 사회는 이러한 기술지능이 뛰어난 소수가 지배할 것이다.

기술지능이 무엇인지 알았으니 다음 장에서는 이 역량을 높이는 방법을 살펴보겠다.

7장

어떻게
기술지능을

불가능한 목표를
세워라

우리는 파괴의 시대를 살고 있다. 어제의 전략은 오늘의 전략이 될 수 없고, 오늘의 전략은 내일의 전략이 될 수 없다. 작년 것을 올해 그대로 답습하거나 지금껏 잘해온 것을 조금씩 발전시키는 것만으로는 너무나 부족하다. 파괴의 시대에서 계속 성장하려면 근본적으로 다른 방안을 강구해야 한다. 스스로 파괴적인 혁신가가 돼 '불가능한 미래'를 그려야 한다.

왜 불가능한 미래일까?

인정하고 싶지 않겠지만 우리는 대부분 '과거 지향적'으로 생각한다. 과거의 지식에 비추어 상식적이고, 당연시되는 것을 추구한다. 그런데 그렇게 기존의 궤도에서 가능한 것만 추구하다 보면 영원히 그 자리에 머물 수밖에 없다.

혁신이란 이전에 없던 새로운 궤도를 만들어내는 것이다. 지금의 익숙한 궤도에서 벗어나려면 익숙하지 않은 생각, 조금 무리한 상상력이 필요하다. '가능한 미래'는 어제의 목표다. 혁신은 '불가능한 미래'에서 시작된다.

위대한 혁신가는 모두 그 시대에 불가능한 미래를 꿈꿨다. 제프 베조스는 '온라인으로 세상 모든 것을 팔겠다'는 비전으로 가득차서는, 잘나가던 회사를 그만뒀다. 그리고 부모를 찾아가 돈을 빌렸다. 부모는 아들에게 이렇게 말했다.

"우리는 인터넷을 모르고 믿지도 않는다. 하지만 너를 믿는다."

부모는 평생 모은 돈을 창업 자금으로 건넸다. 당시 인터넷은 생소했고, 인터넷으로 큰돈을 버는 것은 무모해 보였다. 하지만 베조스는 불가능한 미래에 대한 확신에 차 있었고, 자신이 구상한 사업을 사람들에게 각인시켜 아마존을 훌륭한 기업체로 키워냈다.

일론 머스크는 화성 시대에 대한 비전을 품고 이렇게 선포했다.

사람이 거주할 수 있는 도시를 만들기 위해 우리는 2022년까지 유인 우주선을 화성에 보내고, 2025년 이전에 화성 개발에 착수할 것입니다.

일론 머스크는 우주여행용 로켓을 적은 돈으로 만들고 싶다는 일념으로 스페이스엑스를 세웠다. 단순히 CEO로 회사를 운영하는 것이 아니라, 자신의 전 재산을 쏟아부어 기업을 키워냈다.

우주여행이라는 발상은 사실 비현실적인 아이디어였다. 우주로 진출하는 것 자체가 엄청난데, 이를 대중적인 여행 상품으로 만든다니 상식적으로 받아들이기 힘들다. 무엇보다 로켓을 만들어 우주로 쏘는데에는 엄청난 기술력과 자금이 필요하다. 국가 단위의 프로젝트다. 때문에 초창기에는 일론 머스크를 두고 허황된 꿈을 꾸는 몽상가라며 비웃는 사람들이 많았다.

그러나 그는 모두가 불가능하다고 말하는 일을 추진했고, 정부 기관이 아닌 개인 사업가로서 처음으로 위성 발사에 성공했다. 우여곡절도 많지만 그가 만들어가는 새로운 역사에 많은 사람들이 영감을 받고 있다.

제프 베조스, 일론 머스크, 빌 게이츠, 스티브 잡스, 앤디 그로브 등 지금 전 세계를 움직이는 사람들은 사람들에게 비웃음을 살 정도로 불가능한 미래를 꿈꿨다. 세상을 바꾼 역사의 이면에는, 그 당시에는 무모해 보이는 비전이 있었다는 사실을 기억해야 한다.

구글의 공동 창업자 래리 페이지는 이렇게 말했다.

우리가 구글을 통해 만들어낸 많은 것들이 처음에는 미친 생각처럼 보였습니다.

이 '미친 생각'들이 모든 산업의 판도를 바꿨다. 우리는 '미친 사람들'이 만들어놓은 새로운 시장 속에서 살고 있다. 이 변화의 바탕에는 우리의 예상을 훨씬 뛰어넘는 빠른 속도로 발전하는 첨단 기술이 있다. 이른바 기하급수적 기술이다.

이제는 기하급수적으로 성장하는 시대다. 1년만 지나도 지금과 전혀 다른 세상일 것이다. 현재 가능하고 편안한 발전만으로는 이러한 변화에 대응하기 힘들다. 편안함을 누리는 사이에 누군가는 엄청난 역량 증폭을 실현시켜 시장을 장악할 것이다.

문제는 우리 환경이 혁신적 리더십을 잘 수용해주지 않는다는 데 있다. 이 문제에 대해 제임스 어터백 교수는 이렇게 지적했다.

리더 중 약 3퍼센트만이 혁신하고, 93퍼센트는 온건하게 현상 유지를 지향하며 이러지도 저러지도 않습니다. (나머지 4퍼센트는 퇴행합니다.) 파괴의 시대에 살고 있음에도 90퍼센트 넘는 대다수가 비슷한 전략을 약간 개선할 뿐입니다. 당장 좋은 성과를 낼 수 있을지라도 결코 위대한 성과를 낼 수는 없습니다.

미래에는 지금은 상상하기도 어려운, 불가능해 보이는 일들이 실현될 것이다. 미래를 선도하기 위해서는 지금 당장 편안한 비전이 아닌 불가능한 비전을 세워야 한다. 불가능할 정도의 대담한 비전은 시야를 넓게 만든다. 시대의 흐름을 읽는 눈이 밝아지고, 변화의 본질을 해석하는 수준도 평범한 이들과 같지 않을 것이다. 역량의 증폭은 비전의 크기와 비례한다. 토머스 프레이가 말했듯 "현재가 미래를 만드는 것이 아니라, 미래의 비전이 현재를 만드는 것"이다.

비전의 중요성을 알았다면 이제는 이를 실행에 옮겨야 한다. 여기서 우리가 알아야 할 중요한 개념이 있다. 바로 익숙함의 수축 원리 Familiarity contraction다. 어떤 경험을 반복할수록 쉽게 지각한다는 개념이다. 뭐든지 처음 접할 때는 생소하고 어렵다. 그러나 반복되면 쉬워진다. 특정 결과나 최종 목표를 반복적으로 접하면 점점 거기에 익숙해지고, 실제 그것이 실현될 가능성이 높아진다.

아이에게 처음 글자를 가르칠 때 모양과 소리에 '친숙'해지도록 문자를 반복적으로 보여준다. 문자와 소리와 의미를 연결하는 과정이 반복될 때마다 뇌 세포가 느끼는 친숙함이 커진다. 시간이 지나면서 단어를 구별하는 데 필요한 미세한 지각이 자동적으로 움직인다. 결과적으로 자음과 모음의 조합을 하나의 완전한 단어로 간주하게 된다.

이와 비슷한 맥락으로, 처음 가보는 길은 멀고 오래 걸리는 것 같다. 그런데 나중에 다시 한 번 같은 길을 걸으면 예전에 비해 짧게 느껴진다.

미래에 대한 비전은 익숙함의 수축 원리와 굉장히 밀접한 관련이 있다. 비전을 제시하는 것은 '익숙하지 않은 길을 가시화'하는 것이다. 이 가시화된 미래의 모습 자체가 친숙함에 이르게 하는 첫 장면이 된다. 이를 반복적으로 듣고 접하면서 친숙함이 커진다. 이런 과정을 거치면서 비전을 이루기 위한 학습 능력이 더 커지게 된다.

지금 드론 산업이 뜨고 있다. 드론에 대한 비전이 있는 회사들은 일찍부터 드론이 만들어낼 미래를 가시화해왔다. 또한 숱한 보고서, 심지어 SF 소설, 만화, 영화 등에서 드론을 자주 봐왔다. 때문에 드론이라는 키워드가 시장에 등장하기도 전에, 비전을 품은 혁신가들은 이를 빠르게 손으로 만질 수 있는 제품 형태로 구현해낼 수 있었다.

비전은 그 자체로 위력을 갖지만, 익숙함의 수축 원리라는 관점에서는 '반복'이 중요하다. 우리가 비전, 즉 미래의 중요한 장면을 반복적으로 접해야 그에 대한 익숙함이 커지기 때문이다. 비전을 반복적으로 강조하는 것은 익숙함을 키우고, 그와 관련된 정보의 몸체를 키우는 것과 같다. 반복할수록 더 잘 알게 된다.

잭 웰치는 조직이 뛰어난 성과를 얻으려면 세 가지가 충족돼야 한다고 강조했다. 첫째, 어디로 가는지 목표가 명확해야 한다. 둘째, 어떻게 갈지 방법을 정확히 알려줘야 한다. 셋째, 목표를 달성하면 뭐가 좋은지 직원들에게 분명히 알려줘야 한다. 이 세 가지가 조직에 확고하게 자리 잡으려면 지겹도록 반복하는 것뿐이라고 했다. 그리고 다음과 같이 말했다.

리더가 할 일은 단 하나입니다. 목표에 대한 이야기를 기회가 있을 때마다 반복, 반복, 반복하는 것입니다.

미래를 계획하고 실현하는 능력은 그 일에 얼마나 익숙한지와 직접적으로 관련이 있다. 바로 여기에 비전의 중요성이 있다. 비전은 익숙함을 만들어낸다. 때문에 비전은 분명해야 하며, 반복적으로 접할 수 있어야 한다. 반복에서 통찰력이 나온다.

자! 다시 한 번 강조하겠다. 불가능한 미래를 그려라. 그리고 이를 지겹도록 강조해라.

가능한 많은
지식을 쌓아라

기술지능의 기초는 지식이다. 지식을 많이 쌓아야 한다. 지식은 숨은 본질을 감지하는 능력의 근간일 뿐 아니라 창조적인 해석의 수준을 좌우하며, 노련하게 기술을 내재화하는 바탕이다. 쉽게 말해 아는 만큼 보인다. 제임스 마치James March 스탠퍼드대학 교수는 인식 기반cognitive base의 중요성으로 이를 설명했다.

인간은 역량 한계, 의사 결정의 복잡성, 불완전한 정보 등과 같은 문제 때문에 의사 결정을 완벽하게 하지 못한다. 이런 상황에서 합리적인 의사 결정은 인식 기반에 좌우된다.

인공지능 기술을 예로 들어보자. 우리는 대부분 인공지능 관련 기술이나 시장의 모든 사안을 완벽하게 인지하지 못한다. 각자의 지적 시야에 들어오는 것만 인지할 수 있고, 그중에서도 겉으로 드러난 현상만 본다. 알파고가 이세돌 9단을 꺾어 이슈가 되자 비로소 인공지능과 딥러닝 알고리즘에 관심을 갖게 된 것처럼 말이다.

이렇게 인지 자체가 제한적일 수밖에 없으며, 이에 대한 해석은 각자가 가진 인식 기반에 따라 다르다. 인식 기반은 교육, 경험 등 지식을 통해 형성되며, 판단과 의사 결정을 하는 지적인 토대를 말한다. 기술자와 예술가가 바라보는 인공지능은 다를 수밖에 없다. 따라서 얼마나 다양하고 깊이 있는 지식을 가졌느냐에 따라 대상을 해석하는 수준이 달라진다. 지식은 통찰의 기반이다.

기술적 통찰력을 갖춘 혁신가들은 하나같이 이전에 없었던 분야를 개척하기 위해 많은 노력을 기울여 새로운 지식을 쌓았다.

스티브 잡스는 새로운 것을 배우는 데 항상 적극적이었다. 자신이 혁명을 일으킨 비즈니스 영역 중 상당수를 처음에는 전혀 몰랐다. 대신에 뛰어난 전문가들을 선생님으로 모셨다.

유니버설뮤직Universal Music 소속 프로듀서인 지미 아이어빈Jimmy Iovine에게 음악 산업을 배워 아이팟과 아이튠즈 사업에 적용했다. 디즈니Disney를 이끄는 에드윈 캣멀Edwin Catmull에게 영화와 애니메이션을 배웠고, 애플의 소프트웨어 부문 수석 부사장인 아비 테바니언Avie Tevanian에게 기술과 컴퓨터에 대한 모든 것을 배웠다. 종합 유통 회사 타깃Target에서 온 론 존슨Ron Johnson에게 전자 기기 유통, 매장 디스플레이, 윈도 디스플레이 등 소매점 운영에 대한 전반적인 지식을 전수받았다. 스티브 잡스는 이런 것들을 전혀 몰랐지만 자신을 가르칠 좋은 선생님을 잘 찾아냈고, 결국 그렇게 배운 분야의 대부분을 사업에 적용했다.

빌 게이츠는 '씽크 위크Think Week'로 방대한 지식을 학습했다. 1년에 한 번, 1주일 동안 모든 업무에서 손을 떼고 이메일, 문자메시지, 전화도 받지 않고 독서에 모든 시간을 썼다. 논문, 책, 칼럼 등 다양한 글을 읽으며, 사업과 관련 있는 새로운 지식을 배우고자 했다. 한번은 씽크 위크 동안 초고속망의 확산으로 인터넷 접속이 늘어나는 것을 보고, "인터넷은 거대한 조류a tidal wave와 같이 발전할 것"이라고 통찰했다. 이후 마이크로소프트의 방향을 익스플로러 중심으로 180도 바꿨다.

앤디 그로브는 다른 사람을 가르치며 학습했다. 인텔에서 CEO로 재직하는 기간 동안 실리콘벨리 인근에 있는 스탠퍼드대학에서 강의하며, 회사 안팎에서 일어나는 일과 반도체 산업 현황에 대해 공부했다. 그러면서 학생들과 함께 산업의 새로운 방향에 대해 생각했다.

이렇게 부단히 지식을 쌓아야 남다른 인식 기반을 갖게 되고, 이는 곧 통찰력의 근간이 된다. 기술적 통찰력은 단순히 기술의 규칙, 절차, 도표 등 표면적 지식을 쌓는 데 그치지 않는다. 기술을 시장에 선보일 때 일이 어떻게 돌아갈지, 어디서 잘못될 수 있을지 꿰뚫어 보게 해 준다.

30년간 통찰을 연구한 게리 클라인 박사는 나와의 인터뷰에서 이렇게 이야기했다.

통찰에 이르기 위해서는 어쨌거나 그 분야를 통달해야 합니다. 빨리 전문성을 갖출수록 통찰에 가까워집니다. 전문성을 갖추려면 경험적 지식이 필요합니다. 수업을 듣거나 책만 읽어서는 부족하다는 의미입니다. 모든 요소가 어떻게 작동하는지에 대한 나만의 '정신적 모델'이 만들어져야 합니다.

게리 클라인 박사는 통찰을 위한 지식을 쌓기 위해서는 많은 사례를 접해야 한다고 말한다. 특히 실패 사례가 중요하다. 그래야 모든 것이 어떻게 작동하고, 어떻게 하나로 어우러지는지 터득할 수 있다. 어우러지지 않는 부분을 꿰뚫어 보고, 중요한 연관성들을 파악할 수 있어야 통찰에 이른다. 전문가를 통해 간접적 경험을 쌓을 때도 실패나 어려움에 대해 구체적으로 알아야 한다. 과거의 실패 사례를 많이 접하며 위기를 어떻게 극복할지 터득해야 한다.

CEO의 입장에서는 통찰의 근간이 되는 경험을 회사 내부뿐 아니라 외부에서도 얻어야 한다.

스티브 잡스처럼 새로운 스킬을 가르쳐줄 사람을 찾는 것도 방법이다. 내부에 적당한 사람이 있는 경우는 드물다. 4차 산업혁명 시대에는 새로운 산업이 형성되기 때문에 필요한 경험을 내부에서 갖추고 있기가 쉽지 않다.

앞서 살펴본 것처럼 스타벅스, GE, 마이크로소프트 등 산업의 변화를 이끈 회사의 CEO들은 외부 인재 영입에 매우 뛰어났다. 외부에 있는 인재로부터 새로운 스킬을 습득하고, 거대한 변화 속에서 기업이 적응하는 데 필요한 지식과 인식 기반을 구축했다.

기술지능을 높이는 데 있어 기술 자체에 대한 지식은 기본이다. 기술을 알아야 이를 어떻게 응용해서 미래 고객에게 좋은 기능을 선보일지 고안해낼 수 있기 때문이다. 기술을 모르면 시장에 뭘 제공할지에 대한 아이디어 자체가 나오지 않는다. 이때 중요한 것이 다양성이다. 스티브 잡스는 대부분 사람들이 다양한 지식과 경험의 부족 때문에 창조적 아이디어를 생산하는 데 한계가 있다고 지적했다.

안타까운 사실은 능력이 부족하다는 겁니다. 컴퓨터업계에서 일하는 대부분 사람들이 다양하게 경험해보지 못했습니다. 그래서 연결할 수 있는 경험과 지식의 점들이 부족하기 때문에 폭넓은 관점으로 문제 전체를 바라보지 못하고 그저 일차원적인 해결책만 내놓을 뿐입니다. 인간의 경험을 폭넓게 이해할수록 더 훌륭한 디자인을 만들 수 있습니다.

나는 몇 가지 연구를 통해 다양성이 혁신, 창조와 매우 밀접한 관계에 있음을 확인했다. 2002년부터 2009년까지, 미국 뉴욕 증시에 상장된 글로벌 기업을 이끄는 최고 경영진 2,000명의 지식 범위와 기업 혁신성의 관계를 조사했다.

그 결과, 기술 개발, 마케팅, 인사 관리, 회계 등 기능function 면에서 다양하게 경험한 임원으로 구성된 최고 경영진일수록 혁신을 성공시킬 가능성이 높은 것으로 나타났다. 또한 최고 경영진에 있는 임원의 출신 산업이 다양할수록 혁신 성과가 높았다. 최고 경영진이라는 집단적 특성에서 이러한 결과가 나왔을 뿐만 아니라, 임원 개개인의 지식 다양성과 혁신성 간 관계를 분석하는 연구에서도 매우 유의한 상관관계를 발견했다. 혁신을 성공시키는 데 있어 산업 및 기능 측면의 지식 다양성은 매우 중요한 요건이다. 한 분야만 집중적으로 개발해온 리더의 경우, 그 분야에 대한 전문 지식은 충분할지 몰라도 새로운 분야에 대한 통찰력이나 개발의 유연성은 부족하다.

4차 산업혁명 시대에는 산업이 움직인다. 이러한 시기에 새로운 영역을 잘 통찰하기 위해서는 필수적으로 다양한 지식을 쌓아야 한다.

배우는 법을
배워라

4차 산업혁명을 대비한 교육 프로그램을 보면 컴퓨터 프로그래밍이나 소프트웨어 운영 교육에 치중하는 것 같다. 물론 프로그래밍 능력은 디지털 중심으로 돌아가는 이 변혁기에 매우 중요한 요건이다. 마이크로소프트의 빌 게이츠, 구글의 래리 페이지, 테슬라의 일론 머스크, 오라클의 래리 엘리슨 등 수많은 글로벌 기업 CEO들이 프로그래밍에 탁월하고, 사업을 일으키는 초기에 이 능력이 중요하게 작용했다.

하지만 그게 다가 아니다. 프로그래밍은 중요하지만 일부다. 프로그래밍 능력이 없다고 해서 기술지능이 떨어지는 것은 결코 아니다. 모든 경영자가 코딩을 할 수 있어야 하는 것도 아니다.

미래 사회에는 종합 능력이 필요하다. 한 부분에 특화되기보다는 다양한 지식과 경험을 갖추는 것이 중요하다.

따라서 미래 교육 역시 프로그래밍이나 전공 지식에 치우쳐서는 안 된다. 기술과 시장에 대한 지식, 실패와 성공에 대한 지식, 협력과 관계를 구축하는 전략에 대한 지식 등 다양하게 이루어져야 한다.

케빈 켈리는 앞으로의 교육 방향에 대해 이렇게 이야기했다.

학생들에게 가르쳐야 하는 슈퍼 파워는 배우는 법을 배우는 능력입니다. 오늘날 학교에서 배우는 건 5년 내에 그다지 중요하지 않게 될 것입니다. 지금 배우는 코딩 언어 역시 5년 내에 쓸모없어질 것입니다. 새로운 코딩

언어가 만들어질 것입니다.

20년 전만 해도 컴퓨터 활용 능력이 중요했지만, 앞으로 가상현실과 인공지능의 세계가 도래하면 상황이 달라질 것이다. 그렇기 때문에 어떠한 대상을 배우는 것이 아니라 끊임없이 새로운 것을 배울 줄 아는 노하우를 배워야 한다.

기업 역시 배우는 방식을 배워야 한다. 무슨 사업이든 다음 해, 또 그다음 해에 환경이 변할 것이다. 새로운 경쟁사가 등장할 것이다. 만일 어떤 분야에 통달했다 하더라도 3년 내에 뭔가를 다시 배워야 한다. 말하자면 학습 기계가 돼야 한다. 배우면서도 집중하는 능력을 기르는 것은 쉽지 않다. 그러나 조직원 모두가 배움을 추구한다면 가능하다.

그렇다면 배우는 법은 어떻게 하면 배울 수 있을까? 이것저것 시도해보는 수밖에 없다. 새로운 기술을 체득하는 가장 좋은 방법은 그 기술을 직접 사용해보는 것이다. 신기술이 막 등장했을 때는 그 누구도 그 기술이 어디에 좋을지 모른다. 심지어 발명가 자신도 모른다. 스마트폰을 만든 사람들도 스마트폰이 우리 삶의 어떤 부분을 향상시킬지 세세히 이해하지 못했다. 어떻게 사용할 수 있을지 이해하는 데만 수년이 걸렸다. 따라서 경험해보는 것 외에는 지름길이 없다.

인공지능의 시대가 도래하는 지금, 인공지능을 써봐야 한다. 가상현실을 이해하고 싶다면 VR 기어를 써봐야 한다. 가상현실에 대한 보고서나 설명서를 읽어보는 것만으로는 충분하지 않다. 그것이 뭔지, 얼마나 좋은지, 또 어디에 좋은지 알기 위해서는 직접 경험해봐야 한다.

미래의 교육은 어떻게 바뀔까? 토머스 프레이는 미래 사회에 필요한 역량을 잘 교육시키는 곳은 변화에 둔감한 기존 교육기관이 아니라 기업이 될 것이라고 예측했다.

실제로 변화가 생존과 직결되는 회사들은 조직 역량을 높이기 위한 교육에 심혈을 기울이고 있다. GE는 2017년 3월 '브릴리언트 러닝 Brilliant Learning'이라는 새로운 교육 커리큘럼을 발표했다. GE는 기술로 생산성을 향상시키기 위해 전 세계 500여 개 공장을 3D 프린팅, 인공 지능, 린 제조Lean Manufacturing, 빅데이터 분석 등이 결합된 브릴리언트 공장Brilliant Factory으로 트랜스폼하고 있다. 이 브릴리언트 프로젝트의 일환으로, 15만 명을 교육하기 위한 커리큘럼을 개발한 것이다. 여기에는 3D 프린팅, 빅데이터, 로봇 공학, 디지털 첨단 기술과 관련한 다양한 기술 교육이 포함돼 있다.

브릴리언트 러닝에서 주목할 것은 교육의 형태가 매우 다양하다는 점이다. 몇 가지 프로그램을 소개해보겠다.

'브릴리언트 글로벌 코스Brilliant Global Course'는 4주짜리 온라인 강좌로, 모든 직원이 브릴리언트 공장의 메커니즘을 이해할 수 있도록 했다. 린 제조, 디지털 기술 등 첨단 제조의 핵심 요소를 배울 수 있다. GE 전문가들이 강의하기도 하며, 온라인 공개수업Massive Open Online Course, MOOC과 같은 개방형 강좌도 도입했다.

'어드밴스트 매뉴팩추어링 워크숍Advanced Manufacturing Workshop'은 이틀 동안 제조 엔지니어에게 첨단 기술을 실습시키는 과정이다. 변하는 산업 환경에 맞춰 새롭게 요구되는 기술을 빠르게 습득할 수 있도록 설계된 맞춤형 솔루션 교육 프로그램이다. 브릴리언트 공장은 그 자체로 첨단 기술을 경험해볼 수 있는 교육적인 소스가 풍부한 곳이기 때문에, 제조 현장에서 3D 프린팅을 실제로 해보고 데모를 시현해보기도 한다.

'린 매뉴팩추어링 아카데미Lean Manufacturing Academy'는 제조 감독관이나 운영 리더를 대상으로 린 리더십 기술을 통해 성과를 향상시키는 방법을 가르치는 과정이다. 제조 시설을 견학하고, 생산성을 올리고, 비용을 절감하기 위한 다양한 시뮬레이션과 실시간 작업이 이루어진다.

'브릴리언트 리더십 세미나Brilliant Leadership Seminar'는 외부 전문가나 학술 기관 교수를 초청해 업계 동향이나 외부 비즈니스 관계에 대한 모범 사례를 소개하는 것이다.

GE가 이렇게 교육에 열을 올리는 이유는 단순하다. 제조 분야 기술이 점점 더 빠르게 변할 것이고, 시장에서 요구하는 기술 수준과 직원들 기술 수준의 격차가 더욱 커질 것이기 때문이다. 첨단 제조 현장에서는 강력한 제조 역량이 뒷받침돼야 하는데, 그러려면 탁월한 생산 설비 못지않게 기술을 개발하고 활용할 수 있는 우수 인재 양성도 중요하다. 때문에 GE는 연간 10억 달러, 우리 돈으로 1조 2,000억 원가량을 교육에 투자해, 기술 역량을 압도적으로 높이고자 하는 것이다.

와해성 혁신의
늪에서 벗어나라

와해성 혁신이 일어나는 순간, 대부분 사람들은 딜레마에 빠진다. 와해성 혁신은 처음부터 우월한 기능을 가지고 시장에 들어오지 않는다. 우월하지 않기 때문에 정확한 해석이 어렵다.

말하자면 이런 고민을 하게 만든다. 우리 회사의 주력 제품을 조금 더 업그레이드하는 방향으로 개발할까? 아니면 기술 수준은 아직 열악하지만 향후 소비자들에게 받아들여질 가능성이 있는 신제품에 투자할까?

전자는 그동안 계속해왔기 때문에 잘 알고, 성능이 더 뛰어나기 때문에 고가이며 높은 수익률이 예상된다. 상대적으로 불확실성이 적다. 후자는 지금 제품보다 성능이 떨어지기 때문에 일단 기존의 최우량 고객들은 원하지 않을 수도 있다. 설사 판매된다 해도 기존 제품보다 수익률이 낮고, 익숙한 시장이 아닌 새로운 시장을 개척해야 하기 때문에 수익성이 불확실하다.

이 선택은 단순한 것 같지만 사실은 대단히 어렵다. 후자는 대체로 내키지 않는다. 그러나 만일 후자의 기술이 와해성 혁신에 해당된다면 선택하지 않은 데 대한 위험이 심각할 정도로 크다.

시장을 주도하는 대부분 기업이 전자를 택한다. 합리적이고 모범적인 경영 원칙에 의해 최우량 고객들이 원하는 더 높은 성능의 제품을 개발한다. 상대적으로 불확실성이 적은 방향으로 끊임없는 노력을 기울인다. 이 때문에 와해성 혁신이 초래하는 시장 판도 변화에 제대로 적응하지 못하고 시장 지배력을 잃거나 심지어는 시장에서 퇴출당한다.

혁신가들의 딜레마는 바로 여기에 있다. 와해성 혁신의 특징을 다시 요약해보면 다음과 같다.

첫째, 기능이 더 단순하고, 퀄리티가 떨어지며, 가격이 저렴하다.

둘째, 가격이 저렴하다 보니 단위당 마진이 낮다.

셋째, 최우량 고객들이 사용하기를 원하지 않거나 사용할 수 없다.

이 두 번째와 세 번째 특징 때문에 와해성 혁신이 매력적으로 보이지 않는다. 즉 시장 선도 기업은 기술적인 어려움을 해결하지 못해 와해성 혁신을 하지 못하는 것이 아니다. 비즈니스 모델 관점에서 매력적이지 않기 때문에 와해성 혁신을 등한시하는 것이다.

심지어 와해성 혁신은 기존 시장이 아니라 새로운 시장에서 또는 중요하지 않아 보이는 존재감 없는 시장에서 상용화되는 경우가 대부분이다.

인적 자원, 기술, 브랜드, 판매망, 자금력 등 경쟁의 모든 면에서 우위를 점한 시장 선도 기업이 왜 열등한 기술로 공격하는 기업, 특히 신생 기업과의 경쟁에서 어이없이 밀릴까? 흔히들 경영진의 무능을 탓하지만, 실제로는 그렇지 않다. 즉 유능한 경영자들이 내리는 합리적인 의사 결정 때문에 선도 기업들이 와해성 혁신에 제대로 대응하지 못하는 것이다.

유능한 경영자들이 내리는 합리적인 의사 결정이란 바로 이런 것이다. 고객에게 귀를 기울이고, 우수 고객들이 원하는 성능을 제공하기 위해 적극적으로 투자하며, 마진이 높은 곳을 발굴하고, 작은 시장 기회 대신 큰 시장 기회를 추구한다. 모든 경영자가 동의하는 모범적인 경영 원칙이다. 문제는 이런 모범적인 경영 원칙이 언제, 어디서나 적용되는 것이 아니라는 데 있다.

이러한 경영 원칙들은 와해성 혁신이 전방위적으로 일어나는 4차 산업혁명 시대에 전혀 맞지 않다. 와해성 혁신은 일단 매력적이지 않다. 고객들은 처음부터 와해성 혁신을 원하지 않는다.

와해성 혁신은 열등한 성능밖에 제공하지 못하기 때문에 가격이 낮을 수밖에 없다. 결과적으로 마진이 낮다.

게다가 기존 시장은 이미 경쟁이 치열하기 때문에 발을 붙이기 어렵다. 새로운 시장을 발굴해야 하는데 새로운 시장이 어디에 있는지, 어떻게 찾아야 하는지, 그 규모는 얼마나 될지 아무것도 확실하지 않다. 모범적인 경영 원칙을 잘 따르는 조직이라면 이런 불확실한 혁신에 선뜻 손을 내밀기가 어렵다.

그러다 보니 의사 결정 과정에서 주목받지 못하고 탈락할 가능성이 매우 높다. 즉 와해성 혁신 아이디어가 조직에 없거나 아니면 몰라서가 아니라, 그런 아이디어를 알거나 혹은 경쟁자보다 먼저 개발했어도 모범적인 경영 원칙의 관점에서 보면 이른바 '꽃패'가 아니기 때문에 상용화하지 않을 가능성이 높은 것이다.

정확한 해석이 어려운 또 다른 이유는 타성 때문이다. 타성이란 말하자면 굳어진 습관이다. 습관은 바꾸기 어렵다. 경영에서 그동안 가장 강조 되어온 것이 바로 선택과 집중이다. 뭔가에 성공하려면 핵심에 집중해야 한다. 그런데 오랜 집중은 경직성으로 이어진다. 한곳만 골똘히 바라본 나머지 다른 곳도 봐야 하는 상황이 와도 그러지 못한다.

환경이 변하지 않을 때는 집중 전략이 효과적이다. 시장 상황이 충분히 예상되기 때문에 잘하는 방식으로 밀어붙이면 된다. 그러나 환경이 변하면 문제가 생긴다. 여전히 예전의 성공 방식으로 문제를 해결하려고 하기 때문이다. 도널드 설 MIT 슬로언경영대학원 교수는 이를 활동적 타성active inertia이라고 했다. 와해성 혁신이 산업을 위협하는 상황에서 과거의 행동을 더욱 강화하며 대응하는 경향을 말한다.

설 교수에 따르면 활동적 타성은 과거 성공을 누린 자에게만 나타난다. 자부심도 강하고 자신의 실력에 대한 확신도 강하기 때문이다. 과거 성공이 클수록, 집중이 굳어질수록, 성공 기간이 길수록, 환경 변화가 클수록 활동적 타성의 덫에 빠질 가능성이 높다.

2000년대 초까지만 해도 노키아 경영진은 업계 최고 대우를 받았다. 자신들만의 경영 방식이 있었다. 특정 절차, 채용 인재상, 재무제표 해석 방식 등이 일정 기간 동안 성공적이었다. 그리고 점차 유일무이한 노키아만의 방식에 갇혀버렸다. 시간이 지나 3세대 휴대폰 기술이 시장을 바꾸고 있었지만, 경영진은 과거의 관행을 더 강화하는 방식으로 대응했다. 3세대 휴대폰 기술을 일찍 개발해놨음에도 불구하고 2G 휴대폰 확대에 더 많은 자본을 투자한 것이다.

활동적 타성의
신호를 감지하라

활동적 타성은 환경 변화에 유연하게 대응하지 못하게 막는 숨은 적이다. 도널드 설 교수는 활동적 타성의 위험이 있음을 감지하게 해주는 신호들을 제시했다.

첫 번째 적신호는 성공한 기업의 사례가 책이나 신문에 실리는 경우다. 톰 피터스Tom Peters와 로버트 워터먼Robert Waterman은 《초우량 기업의 조건In Search of Excellence》에 경영에 성공한 기업 사례를 제시했다. 그런데 열 개 기업 중 여덟 개 기업이 향후 파산하거나 다른 기업에 넘어갔다.

도널드 설 교수는 이것이 우연인지 검증하기 위해 연구를 시작했는데, 실제로 경영학 대가의 책에 소개된 기업들의 성과가 점차 떨어지는 것을 발견했다. 책에 실릴 정도로 뚜렷한 특징이 있다면 이는 조직의 활동이 경직됐기 때문일 수도 있는 것이다.

두 번째 적신호는 표지의 저주로, CEO가 저명한 비즈니스 잡지의 표지 모델이 되는 것을 말한다. 이는 활발히 연구되는 테마다. CEO는 유명세를 타면 기업의 과거 업적 및 위대한 점 등을 공공연히 장담하고, 자신의 말에서 발을 빼기 어려워진다. 예를 들어 컴팩의 CEO가 〈포브스Forbes〉 표지 모델로 실린 적이 있다. 1년 뒤, 그는 해고됐고 기업은 다른 회사에 인수됐다.

여기에 유의한 인과관계가 성립하는지 확인하기 위해 설 교수는 〈포브스〉가 선정한 올해의 기업, 올해의 CEO를 살폈다. 표지 모델로 나온 CEO 중 4분의 3이 해고당했다. 언론 출연 뒤 더 우수한 성과를 낸 CEO는 없었다.

세 번째 적신호는 CEO가 책을 출간하는 경우다. 일반적으로 CEO는 책에서 특정 방식이 누구에게나 옳다고 주장한다. CEO 본인이 답을 가지고 있으며 다른 이들도 이 답을 따라야 한다고 말한다. 물러서서 과거의 관행이 미래에 맞지 않을 수 있다는 점을 재고하지 않는다.

예를 들어 김우중 대우그룹 전 회장은 《세계는 넓고 할 일은 많다》라는 책을 썼다. 이는 'Golden Cross'라는 이름으로 해외 시장에도 팔렸다. 이 책이 나오고 10년 뒤에 대우그룹이 어떻게 됐는지 모르는 사람은 아무도 없을 것이다.

네 번째 적신호는 성공 기념물을 만드는 경우다. 으리으리한 본사는 재정 악화의 전조다. 설 교수는 사옥이 지나치게 으리으리할 경우, 즉시 그 회사 주식을 매도했다고 한다. 사옥에 인공 폭포, 헬리콥터 이착륙장을 만들거나, 사옥으로 건축상을 수상하거나, 회사 이름을 딴 경기장을 만드는 회사들을 경계해야 한다. 왜냐하면 이런 기념물은 성공했다고 선포하는 것과 다름없으며, 해당 기업의 CEO에게 과거의 관행이 이제 맞지 않아서 재고하거나, 전략을 수정할 마음이 없다는 뜻이기 때문이다.

다섯 번째 적신호는 경쟁사들이 한 지역에 모여 있는 경우다. 설 교수의 산업 클러스터에 관한 연구에 따르면 영화 산업의 할리우드, 강철 산업의 피츠버그, 보석과 시계 산업의 스위스 등 경쟁자들이 한 지역에서 클러스터를 이루면 혁신과 성공 가능성이 높아진다.

그런데 이는 초기의 경우다. 흥미롭게도 40~50년이 지나 해당 시장이 포화에 도달하면 성공이 아닌 활동적 타성의 가능성이 증가한다. 따라서 자사와 경쟁사들이 지리적으로 얼마나 오밀조밀하게 모여 있는지 자문해봐야 한다.

마지막 적신호는 최고 경영진이 모두 쌍둥이처럼 비슷한 경우다. 삼성이 일본, 미국에서 삼성 글로벌 인스티튜 인재를 영입하면서 경영진의 다양성을 강조했을 때 대우는 반대로 움직였다. 1990년대 대우의 최고 경영진 중 3분의 1이 경기고, 3분의 2가 서울대 출신이었고, 전원 한국인이었다. 그 결과 임원진의 배경이 비슷해서 다양성을 잃었고, 초기에 회사가 삐걱거리는 징조를 감지하고도 기업의 앞날에 대한 다양한 관점을 제시하지 못했다.

거대한 도약을 위해
과거의 것을 내려놓아라

합리적 의사 결정 방식과 타성은 변화를 정확하게 해석하지 못하게 방해한다. 이런 방해로부터 벗어나려면 뭐가 필요할까? 이 문제와 관련해 독일 철학자 헤겔Hegel이 중요한 힌트를 준다.

땅에 떨어진 씨앗은 씨앗이라는 자기 존재를 부정하고, 새싹을 내며 꽃을 피운다. 그러나 때가 되면 꽃은 꽃이라는 자신의 존재를 부정함으로써 열매를 맺는다.

모든 것은 더 고차원적인 상태로 발전할 수 있는데, 그러기 위해서는 먼저 '자기부정'이 이루어져야 한다. 자기부정은 통찰을 유도하고, 유연한 변화를 이끄는 자기 파괴를 가능하게 한다.

전에 없던 신기술로 새롭게 도약해 변화의 시기에 살아남고자 한다면 자기부정을 할 수 있어야 한다. 자신에게 소중한 것들을 부정할 수 있어야 한다. 무엇보다 지금 자신이 애착을 갖고 움켜쥐고 있는 것이 뭔지 알아야 한다. 자기 파괴를 막는 근본적인 걸림돌이 뭔지를 깨달아야 한다.

자기 파괴를 막는 첫 번째 걸림돌은 수익일 것이다. 수익을 극대화하는 것은 모든 회사의 목표다. 수익이 이어져야 회사가 살아남는다. 그래서 지금 수익에 얽매여 변화의 기회를 놓치는 경우가 많다. 이는 회사뿐만이 아니다. 많은 직장인이 유망한 아이템을 갖고 있으면서도, 원대한 비전이 있으면서도 회사를 그만두고 창업하지 못하는 이유가 월급 때문이다. 그러다 보니 지금 수익이 계속 이어지기를 바라는 단기적 생각에 갇힐 수밖에 없고, 거대한 도약을 위해 필요한 일시적 손실을 감내하기가 어렵다.

실리콘밸리에는 암묵적으로 쓰지 않는 단어가 있다. 바로 '매출revenue'이다. 구글, 페이스북, 스퀘어Square 등 세 회사에서 임원으로 일했던 고쿨 라자람Gokul Rajaram은 래리 페이지, 마크 저커버그, 잭 도시Jack Dorsey의 공통점이 바로 직원들에게 매출이라는 단어를 절대 쓰지 않는 것이라고 밝혔다. 매출은 조직이 전략을 성공적으로 실행했을 때 뒤따르는 결과일 뿐이다. CEO가 매출에 기반해 의사 결정을 하면 직원들은 매출에만 신경 쓰게 되고, 정작 수익 창출의 원천인 고객에게 집중하지 못하는 치명적 실수를 저지른다.

위의 세 명의 CEO는 매출 대신 시장점유율에 집중한다. 왜 지금 이 사업을 해야 하는지, 어떻게 시장 지배력을 높일지, 미래의 고객은 어떤 사람들이며, 그들을 어떻게 만족시킬지 이야기한다. 수익 지표가 아닌 수익을 견인하는 요소들을 통찰하고, 직원들에게 왜 그것이 중요한지 끊임없이 묻는다.

구글은 2014년 네스트랩스를 인수하기 위해 32억 달러라는 거금을 투자했지만, 네스트랩스는 그에 걸맞은 매출을 일으키지 않았다. 구글은 이를 투자 실패로 봤을까? 그렇지 않다. 미래 스마트홈 시장의 플랫폼을 장악하기 위한 교두보를 확보한다는 더 큰 목적을 달성했기 때문이다.

만일 구글이 네스트랩스의 단기 수익에 집중했다면 애초에 네스트랩스가 올리는 매출의 열 배나 되는 돈을 주고 인수하지 않았을 것이고, 향후 매출이 지지부진한 상황을 용납하지 못했을 것이다. 하지만 구글은 미래 시장을 지향했기 때문에 단기 손실을 신경 쓰지 않았다. 눈앞의 수익에 얽매여 미래의 거대한 기회를 잃어버리는 것은 기술 대전환 시대에 가장 피해야 할 적이다.

자기 파괴를 막는 두 번째 걸림돌은 자신을 인정해주는 사람들이다. 개인에게는 직장 상사나 동료, 기업에게는 고객이 될 것이다.

특히 우량 고객은 기업이 수익을 올리고 성장할 수 있는 밑거름이 돼주기 때문에 지켜야 할 대상이다. 그래서 이들이 예전 방식을 선호한다면 이들의 입맛에 맞추기 위해 변화를 포기한다. 이들에 대한 애착을 현명하게 내려놓을 수 있어야 시장 변화에 보다 유연하게 대응할 수 있다.

자기 파괴를 막는 세 번째 걸림돌은 지금의 자신을 만들어준 성공 방식에 대한 집착이다. 이미 성공을 거둔 사람은 자기가 아는 방식에 의존할 때 편안함을 느낀다. 문제는 이 성공 방식이 과거의 패러다임이라는 점이다. 여기에서 헤어 나오지 못하면 새로운 변화를 간과하고 과거와 똑같은 행동을 반복하게 된다. 실패를 겪고 과거 방식에 대한 집착을 놓게 되면 좋겠지만, 오히려 과거의 성공 방식을 방어하기 위해 실패를 합리화하며 기존의 생각을 더욱 강하게 고수하기까지 한다.

GE는 1980년대까지만 해도 제조업을 중심으로 한 기업이었다. 그러나 1994년 잭 웰치는 새로운 비전을 선포했다. "2000년대 GE는 100퍼센트 서비스 회사로 전환될 것이다." 기존의 강점이었던 제조업에서 벗어날 것이라고 발표하면서 금융 서비스 사업 부문을 대폭 강화했다. 1990년대 후반에는 GE캐피털을 통해 신용카드, 리스, 생명보험 회사들을 사들였다. 이후 제조와 금융 서비스 분야의 융합으로 시너지를 창출하는 전략을 펼쳤다.

제품만 판매하는 것이 아니라 제조와 금융을 패키지화한 가치를 판매함으로써 제조업의 경쟁력을 강화시킨 것이다. 예를 들어 발전 시스템이나 의료 장비 같은 제조업에 대해 GE캐피털이 저리로 리스해 서비스를 제공했다. GE와 GE캐피털의 높은 신용 등급을 이용해 저리의 리스와 금융 조달 서비스를 제공하니 수주율은 올라갔고, 영업이익률도 향상됐다. 금융 부문에서 확보한 자금은 전사적인 시너지를 낼 수 있는 분야에 재투자해 선순환 구조를 이어갔다. 한편으로는 GE의 제조 부문이 가진 경영 노하우가 금융 서비스 부문에 전수되면서, GE캐피털은 공격적으로 기업을 매수해 역량을 키웠고, 조직을 단기간에 정상화하는 데 도움을 얻었다.

더 나아가 최근에는 가전 사업을 중국의 하이얼Haier에게 넘기고 회사의 집중 역량을 바꾸기 시작했다. 대표이사를 교체하면서까지 새로운 시대에 살아남기 위한 혁신을 다시 시작한 것이다. 이제 GE는 항공엔진에 센서를 부착해 엔진의 수명과 상태 등의 정보를 실시간으로 수집해 엔진 점검 사항을 알려주는 서비스를 제공하는 회사가 됐다. 고장 나면 수리해주는 애프터서비스를 뛰어넘어, 사전에 정보를 주어서 고장을 대비하게 만들어주는 비포서비스를 만들어가는 것이다. 이처럼 GE는 가전 회사에서 금융 부문으로의 확대를 넘어 서비스 회사로의 변화를 시도해나가고 있다.

위대한 해석을 하고 이를 현실에서 구현하기 위해서는 위의 세 가지, 수익, 우량 고객, 과거의 성공 방식을 내려놔야 한다. 물론 쉽지 않겠지만, 고집을 피우다가는 결국 변화를 쫓아가지 못하고 뒤처지게 된다는 것을 명심하자.

무게중심을
옮겨라

스포츠는 늘 새로운 기록을 경신하는 분야다. 위대한 신기록들을 살펴보면 방식을 이전과 완전히 다르게 바꾼 결과인 경우가 많다.

1968년 멕시코 올림픽 높이뛰기 결승전. 신인이었던 딕 포스버리 Dick Fosbury가 2.24센티미터라는 기록을 세우며 세계 신기록을 갱신했다. 사람들이 놀란 것은 기록만이 아니었다. 그가 높이뛰기를 하는 방식 역시 주목을 받았다. 당시에는 모든 선수가 가위뛰기나 앞으로 뛰기만 시도했다. 그런데 포스버리는 몸을 뒤로 해 허리를 활처럼 휘어 넘는 기술, 즉 배면뛰기를 최초로 시도한 것이다. 당시 누워서 뛴다는 것은 듣지도 보지도 못한 기술이었기에 포스버리의 배면뛰기는 그 모습만으로 큰 충격이었다.

배면뛰기는 가위뛰기나 앞으로 뛰기와 달리 무게중심이 몸 바깥에 있다. 이 방식으로 뛰면 신체의 한계보다 최대 10센티미터 더 높게 뛸 수 있다. 이후 많은 선수가 그의 방식을 모방했고, 배면뛰기는 아직까지 현대 육상의 기준으로 이어지고 있다.

포스버리는 모두가 똑같은 무게중심으로 승부를 겨룰 때 새로운 무게중심을 찾아내는 혁신에 성공했다. 무게중심이 똑같으면 자세를 바꾼다 한들 근본적인 한계를 극복할 수 없다. 그런데 무게중심을 확 바꾸면 이전에 가보지 못한 지점까지 다다르게 되는 것이다.

시장의 판도를 바꾼 혁신가들을 보면 역시 무게중심의 이동에 성공했음을 알 수 있다. 새로운 기술이 도입되면 기존의 패러다임과 싸움이 벌어진다. 새로운 아이디어와 낡은 아이디어의 갈등은 불가피하다. 어느 한쪽이 반드시 손해를 본다. 똑같은 무게중심상에서는 이러한 갈등을 풀기가 어렵다.

IBM의 경우를 살펴보자. IBM은 과거 메인프레임 시대를 주도했을 뿐만 아니라 자기 파괴를 통해 전혀 다른 기술인 워크스테이션 부문에서 시장을 주도했고, 이후 PC 시장의 대중화를 이끌었다. 나중에는 PC 부문을 모두 팔고 서비스업으로 전환하기까지 했다.

IBM의 성공 비결이 뭘까? 바로 무게중심의 이동이었다. IBM은 워크스테이션과 PC 사업에 진출하면서 사업부를 본사와 멀리 떨어진 전혀 새로운 곳에 뒀다. 본사는 뉴욕주에 있는데, 워크스테이션사업부는 미네소타주, PC사업부는 플로리다주에 뒀다. 지리적으로 멀리 떨어져 있어 비효율적으로 보이는데도 말이다. 새로운 사업부가 기존 조직이 추구하는 루틴과 가치관의 영향을 받지 않고 와해성 혁신에 맞는 새로운 루틴과 가치관을 구축할 수 있도록 하기 위해서였다.

루틴이란 이미 형성된 상호작용의 패턴이다. 상호작용이란 조직 내부에 있는 자원들을 다양하게 결합해 시너지를 만드는 프로세스다.

상호작용이 반복되면서 구성원들끼리 상호작용하는 방식을 익히고, 매뉴얼을 찾아보거나 상부에 물어보지 않고도 자신이 무슨 일을 어디까지 해서 누구에게 넘겨야 하는지를 착착 알 때 루틴이 된다. 즉 조직 내부의 프로세스다. 조직의 가치 체계란 구성원들이 공유하는 우선순위의 체계다. 애매모호한 상황에서 의사 결정을 내릴 때 암묵적인 가이드라인이 된다. 이 루틴과 가치관은 내재화돼 있기 때문에 바꾸기가 어렵다. 한 조직에 오래 있다 보면 너무나 자연스러워서 그런 것이 있는지조차 느끼지 못하는 경우가 많다.

원래 있는 조직 안에서 새로운 사업을 추진하는 것이 여러 가지 면에서 효율적일 수는 있다. 그러나 기존 조직에는 기존 조직만의 루틴과 가치관이 뿌리를 깊게 내리고 있어 와해성 혁신이 가진 새로운 특성과 잠재력을 잘 활용하는 데 방해된다. 결국은 기존 조직의 루틴대로 물들어버려 실패하고 만다. 그래서 IBM은 새로운 직원들이 루틴과 가치관에 물들지 않고 자유롭게 일할 수 있도록 새로운 혁신의 무게중심을 바깥으로 옮긴 것이다.

물론 와해성 혁신 사업을 기존 사업과 분리한다고 만사가 해결되는 것은 아니다. 떨어져 있다 해도 이해관계에서 불이익을 보는 집단이 생길 수 있기 때문이다. 기존 사업부가 주도권을 잃거나 수익 감소로 이어질 수 있어 가만히 두고 보지 않는 경우가 많다.

코닥은 1990년대 중반부터 디지털 기회를 선점하기 위해 사업부를 별도로 만들었다. 그런데 기존 사업부와의 갈등이 잦았다. 인력 이동에 대한 내분도 심했다. 결국 갈등을 해소하지 못한 채 2003년, 기존 부서와 통합하기에 이르렀다.

기존 사업과 새로운 혁신 사업을 동시에 이끄는 경우에는 리더가 상황을 잘 극복해야 한다. 기존 사업부의 이해관계를 보호해주지 않으면 조직 차원에서 새로운 기술을 버릴 가능성이 상당히 높다. 그러면 조직에서 혁신이 사라진다.

4차 산업혁명은 패러다임이 전면적으로 바뀌는 시기이기 때문에 변화가 불가피하다. 이때 자신의 무게중심이 어디에 있느냐가 생존을 좌우한다. 무게중심이 여전히 이전 패러다임에 머물러 있다면 변화된 세상에서 도태될 수밖에 없다. 그러나 시대 변화에 맞춰 무게중심을 유연하게 이동시킨다면, 스포츠 영웅처럼 놀라운 신기록을 세울 수 있을 것이다.

변화에
민첩하게 움직여라

기업에서 가장 중요한 것은 변화에 호의적이고 민첩하게 움직이는 것이다. 예상하지 못한 변화가 일어났을 때 겁먹지 않고 오히려 큰 기회를 감지하는 조직이 되어야 한다. 이런 조직은 기회를 빠르게 포착한다. 직원들은 이전 프로젝트에 얽매이지 않고, 변화를 반기고 적극적으로 행동한다.

GE의 경우, 1990년대 최첨단 의료 진단 영상기 등 신기술이 도입되며 의료 부문 시장이 급격히 고도화되던 시기에 매우 민첩하게 대응해 기회를 얻었다. 의료 부문 사업은 주기가 매우 짧다. 당시 GE의 수장이었던 잭 웰치는 변화에 빨리 대응하기 위해 노력했다. CT 촬영 장비 속도를 바꿔 화질을 높이기도 했다. 또 고온 회전 방식을 차용해 터빈 효율을 획기적으로 높였다.

잭 웰치에게 조직의 민첩성을 높이는 방법을 물어본 적이 있다. 그의 대답은 이러했다.

민첩하려면 조직 문화가 받쳐줘야 합니다. 저는 항상 직원들에게 강조했습니다. "회사에서 행복하게 일해야 한다. 동시에 언제든 떠날 준비가 돼 있어야 한다." 늘 변화에 대응할 준비가 돼 있는 자세를 강조한 것입니다.

민첩한 조직치고 관료적인 곳은 없다. 계층 조직은 변화를 가로막고, 빠르게 변하는 세상에서 빠르게 움직일 수 없게 만든다. 잭 웰치는 거대해진 조직을 민첩하게 만들기 위해 먼저 스물여섯 단계나 있던 직급을 일곱 단계로 줄였다. 중간 관리자나 직원이 자신에게 주요 업무를 보고하는 데 열두 단계 이상 거쳐야 했던 기존의 폐단을 없애고, 신속 보고와 즉각 결정 시스템으로 바꿨다.

세상이 변하기 전에 미리 변화에 개방적이며 민첩하게 움직이는 자세를 갖춰야 한다. 갑자기 변화가 찾아와도 언제든지 대응할 수 있어야 한다. 변화는 곧 기회다. 큰 기업에게는 더 성장할 수 있는 기회이며, 작은 기업에게는 덩치 큰 경쟁자보다 재빠르게 앞서갈 기회다. 평소 준비해놓고 변화를 선도해나가면 세상을 휩쓸 수 있다.

단순성을
추구하라

단순성simplicity은 기술 역량을 증폭시키는 데 매우 중요하다. 단순하면 빨리 증폭된다. 복잡하면 더디다.

우버, 에어비앤비, 애플 등 짧은 시간에 엄청난 증폭의 역사를 쓴 회사들은 모두 복잡한 시스템을 다루면서도 단순한 유저 인터페이스를 제공했다.

예를 들어 우버는 차, 수많은 이용자, 교통정보를 다루지만 사용자의 관점에서는 단순한 인터페이스 앱이다. 에어비앤비 역시 각종 장소, 전 세계에 퍼져 있는 가구주를 다루지만 사용자의 관점에서는 매우 단순한 인터페이스다. 애플도 마찬가지다. 아이팟 출시 전에도 mp3는 있었지만, 음악들을 골라 기기에 저장하기까지 시간이 많이 걸렸다. 그런데 애플은 음원, 소프트웨어, 음원 저작권이 보장된 앨범, 공급처 등 필요한 복잡한 요소를 모아 단순한 인터페이스를 만들었다.

단순성은 플랫폼을 구축하는 데도 중요하다. 아마존은 넓은 공급 체인을 가진 복잡한 기업처럼 보이지만 상품 배송 및 물류, 결제, 보증, 인증 등 모든 요소들이 통합돼 소비자에게는 단순한 인터페이스를 제공한다. 그래서 페이스북, 마이크로소프트처럼 아마존은 다양한 기업을 위한 광범위한 플랫폼의 중심축이 됐다.

플랫폼을 단순하게 만들고, 다른 회사들이 여기에 참여할 수 있게 만들어야 한다. 복잡한 가이드라인이 아니라 중요한 규칙 몇 가지만 세우면 플랫폼을 만들 때 많은 회사가 자유롭게 참여하고, 이를 통해 기업은 생태계의 중심이 될 수 있다.

단순성은 회사를 운영하는 데도 적용된다. 일 잘하는 리더는 부하가 하는 모든 일에 세세하게 관여하지 않는다. 가장 중요한 기준 몇 가지를 제시하고, 나머지는 실무자의 창의성과 자율성에 맡긴다. 바로 버크셔해서웨이Berkshire Hathaway의 워런 버핏Warren Buffett이 그렇다. 그는 투자할 때 기준이 되는 자신만의 우선순위 평가 기준을 제시하고, 실질적인 판단, 재량권, 경험치는 실무진들에게 맡겼다. 실무진은 사업체의 크기, 수익성, 독립적인 경영진 등 버핏이 제시한 예닐곱 가지 규칙을 토대로 투자 대상들을 신속하게 평가, 선별한다. 규칙의 완전한 부재로 인한 혼란을 막으면서 동시에 규칙 과다로 인한 경직성도 방지하니 매우 효과적이다.

스포츠웨어 브랜드 언더아머Underarmour는 창업한 지 10년도 되지 않았지만, 2015년 나이키Nike에 이어 아디다스를 제치고 미국에서 매출 2위를 차지했다. NBA 슈퍼스타 스테판 커리Stephen Curry, 미국의 간판 발레단 아메리칸 발레 시어터American Ballet Theater의 최초 흑인 수석 무용수 미스티 코플랜드Misty Copeland 등 유명 스포츠 스타들이 애용하는 의류 브랜드이기도 하다.

언더아머는 단순한 규칙을 통해 단시간에 이렇게 큰 성공을 거뒀다. 언더아머는 중요한 결정을 내릴 때 세 가지 규칙에만 집중한다.

예를 들어 피트니스 앱을 인수할 때의 일이다. 그들은 단 세 가지 기준을 토대로 인수 결정을 내렸다.

첫째, 고객들의 만족감을 향상시킬 수 있다는 점을 데이터를 기반으로 입증할 수 있는가?

둘째, 고객에게 단순히 의류의 스펙 등 정보가 아닌 통찰력과 영감을 줄 수 있는가?

셋째, 개인적 경험이 아닌 사회적 경험을 줄 수 있는가? 즉 고객이 옷을 입어서 편안함을 느끼고 만족하는 데 머물지 않고, 사회생활을 진취적으로 해나가는 동기를 부여하는 데 도움을 줄 수 있는가?

이렇게 주어진 가이드라인 안에서 판단하고, 기회와 놀라운 요소를 포착할 수 있는 여지가 존재했고 이 여지 내에서 판단과 전문성을 펼칠 수 있었다.

단순성은 기업 인수에도 효과가 있다. 앤호이저부시Anheuser-Busch, 버거킹Burgerking, 하인즈Heinz 등 세계적인 회사들을 인수한 3G캐피털3G Capital 또한 단순한 규칙을 따르는 경향이 있다.

예를 들어 남미 최대 통합 물류 회사 아메리카 라티나 로지스티카 América Latina Logística, ALL를 인수할 때를 보자. 인수 당시 ALL은 수십 년째 정체 상태였고, 자본 투자금 2억 2,500만 달러가 필요했다. 하지만 철로 투자로 가용한 자금은 5,000만 달러에 불과했다. 가용 투자액과 희망 투자액의 격차가 엄청나서 우선순위를 정해야 했는데, 이때 3G캐피털은 단순한 규칙을 적용했다. 당시 브라질 들판에서는 콩이 썩어가고 있었는데 철로의 가용 수송치가 충분하지 않았다. 고객에게 이 문제를 해결해줄 서비스를 제공하고 싶었지만, 큰 비용을 들이고 싶지는 않았다. 이렇게 분명한 목적을 정하고, 자본 지출 우선순위라는 제약 사항을 파악한 뒤, 다음으로 단순한 규칙을 사용한 뒤. 새로운 트랙을 건설하는 대신 사용 빈도가 낮은 기존 트랙을 재활용, 장기 순익을 개선하기 위한 빠른 상환, 현 고객 중심이라는 규칙을 적용했다. 그 결과 자본 지출 우선순위를 신속히 설정할 수 있었다.

우버, 에어비앤비, 애플, 아마존, 버크셔헤서웨이, 언더아머, 3G캐피털 등 각자의 규칙들은 다르다. 그러나 목표가 명료했고, 단순하지만 강력한 몇 가지 규칙이 있었다. 이를 통해 역량을 급격히 끌어올릴 수 있었다.

그렇다면 단순한 규칙을 어떻게 만들 것인가? 도널드 설 MIT 교수는 단순한 규칙 개발에 관해 이렇게 조언했다.

단순한 규칙 개발은 규칙 자체만큼이나 중요합니다. 규칙들을 만들고 조직에서 집행하는 것이 전부가 아닙니다. 규칙 개발 과정 자체가 매우 중요합니다.

설 교수는 단순한 규칙을 만드는 네 가지 단계를 제시했다. 1단계, 목적 명료화로 무엇을 달성할지 결정한다. 무엇을 성취할지, 전투에서 어떻게 이길지, 가치를 어떻게 창출할지 정한다. 2단계, 제약 사항을 파악한다. 목적 달성에 방해 혹은 결정적인 장애물, 특정 행동 및 결정을 알아낸다. 3단계, 제약 사항을 구체적으로 정의해 단순한 규칙을 개발한다. 4단계, 영향을 측정한다.

이 과정에서 가장 중요한 것이 제약 사항이다. 설 교수에 따르면 제약은 가치 창출의 출발점이다. 운영 효율성도, 새로운 기회도 될 수 있다.

실리콘밸리의 벤처 투자 회사 온셋 벤처스Onset Ventures는 성공 여부에 상관없이 실리콘밸리 신생 회사 및 벤처 캐피털 300군데의 경험을 수집해 성공 차별 요소를 분석하고, 그 연구 결과를 토대로 제약 사항을 만들었다. 이 제약들은 투자할 신생 회사를 선정하는 데 지침을 주는 기준이라고 볼 수도 있다.

이 제약 중에는 왕이 아닌 부자를 꿈꾸는 기업인과 동업하라는 규칙도 있다. 권력 통제보다는 부유해지기 희망하는 회사들과 일하라는 것으로, 계속 권력을 가지고 있기보다는 신생 회사의 경영을 전문 경영인에게 맡겨야 한다는 의미다.

첫 제도 전환 전에 최소한 한 개 이상의 사업 구심점을 두라는 규칙도 있다. 사실 신생 회사는 사업 초창기에 변화에 둔감하기 쉽다. 그런데 빠르게 변화를 시도하지 않을 경우 실패 확률이 90퍼센트나 된다. 즉 처음에는 실패하기 쉽다. 이 실패를 피하기 위해, 그리고 실패했을 때 감당할 수 있으려면 어려운 시기에 버팀목이 될 구심점이 필요하다. 자금이 넉넉한 자본가나 내 사업에 우호적인 대기업이 될 수도 있다. 신생 기업, 대기업 모두를 경험한 전문 경영인이 될 수도 있다. 이들이 신생 기업이 대기업으로 발전하는 과정을 알고 있다. 이런 구심점이 차기 자금 투자 전에 필요하다.

또 다른 규칙은 예상 및 회상이라 불리는 것으로, 내부 임원들이 임의로 결정하는 것이 아니라 거래 과정에서 필요한 사항과 기업이 원하는 바를 파악해 이를 기초로 후기 단계 투자에서 어떤 가치를 끌어낼

지 생각하는 것이다.

제약 사항을 잘 정의하면 제약을 해결하기 위한 단순한 규칙, 목표 달성에 결정적인 행동을 쉽게 도출해낼 수 있다. 그리고 이는 성장으로 이어진다. 문제 해결뿐 아니라 판매 기회, 신제품 혁신 등과 같은 기회도 얻을 수 있다.

콜라보레이션으로 역량을 더욱 높여라

기술지능이 높은 사람은 협력을 중요시한다. 특히 4차 산업혁명 시대에는 협력이 더욱 중요하다. 그 이유는 다음과 같다.

첫째, 변하는 속도가 너무 빠르다. 시장의 니즈는 순식간에 바뀌고, 경쟁자들은 더 수준 높은 기술을 도입한다. 트렌드를 따라가는 것도 벅차다. 물건을 만드는 제조 시설을 새로 지을 때 10~20년을 내다본다. 그런데 시장이 변하면 이렇게 공들인 시설이 쓸모없어진다. 그래서 요즘 경영자들은 공급 업체, 심지어 고객들과 새로운 방식으로 역할 분담을 한다. 그때그때 자신에게 필요한 역량과 자원을 가진 사람과 협력하는 것이 빠르고 안전하다는 사실을 깨달은 것이다.

둘째, 융합 기술 간 거리가 멀다. 4차 산업혁명 시대에는 산업 간 경계가 전방위적으로 붕괴되며, 전혀 상관없는 분야와의 융합이 잦다. 신발 회사에 인공지능, 로봇, 3D 프린팅, 사물인터넷 기술이 도입되고,

전자상거래 회사에 인공지능, 드론, 로봇 기술이 도입된다. 그동안 해당 업계에서 접해온 것들과 전혀 다른 기술과의 융합이 이루어지다 보니, 생소한 기술을 학습하는 것에 대한 부담이 크다. 해당 기술을 이미 가진 실력자와의 제휴가 훨씬 효율적이다.

테슬라의 경우를 예로 들어보자. 2008년에 출시한 100퍼센트 전기차인 로드스터를 만들 때 테슬라는 관련 기술과 시장에 대한 지식이 많지 않았다. 또한 새로운 개념의 차종을 개발하는 과정에서 각종 기술적 난제와 비용 문제로 골치가 아팠다.

결국 테슬라는 여러 회사와 제휴를 맺었다. 가장 큰 도움을 얻었던 곳은 다임러 크라이슬러DaimlerChrysler다. 테슬라는 다임러 크라이슬러의 뛰어난 자동차 공학 전문가들의 자문을 받아 기술적 난제를 빠르게 해결해나갔다. 게다가 투자금 5,000만 달러를 유치해 기술 개발에 필요한 재정을 마련할 수 있었다.

2010년에는 도요타Toyoto와 제휴했다. 이 제휴를 통해 테슬라는 도요타가 갖고 있던 캘리포니아주 프리몬트의 공장을 수월하게 매입할 수 있었다. 테슬라 본사가 있는 팰로앨토에서 40킬로미터 거리였기 때문에 실리콘밸리의 기술적 강점을 구현하기에 적절한 입지였다. 또한 린 생산 방식의 시초인 도요타로부터 효율적 제조 기법을 전수받기도 했다.

2014년에는 파나소닉과 제휴했다. 파나소닉은 IT 회사이지만 배터리 기술이 세계적인 수준이다. 테슬라와 파나소닉은 50억 달러를 공동 출자해 네바다주에 리튬-이온 배터리 생산 공장을 구축했다. 전기차에서 배터리 성능은 생명과도 같기 때문에 여기에 필요한 역량을 파나소 닉을 통해 습득한 것이다.

한 회사가 신제품에 필요한 요소를 다 갖출 필요는 없다. 새로운 비즈니스 모델을 빨리 구상하고, 신기술을 시장에 신속하게 선보이는 것이 더 중요하다. 전방위적이고 급격하게 변화하는 4차 산업혁명 시대에는 이미 기술을 가진 실력자와 팀을 꾸려 재빠르게 사업을 일으키는 능력이 더욱 중요해질 것이다.

그런데 콜라보레이션을 잘하려면 요령이 필요하다. 조금 다른 이야기이지만, 통계청에서 이혼 사유에 대한 순위를 매긴 적이 있다. 검은 머리 파뿌리 되도록 잘살자며 결혼하지만 현실은 기대와 다르다. 서울에서 하루 평균 190쌍이 결혼하는 동안 55쌍이 이혼한다. 가장 큰 이혼 사유는 성격 차이다. 무려 절반에 가까운 수(47퍼센트)가 성격 차이 때문에 갈라선다.

기업의 경우도 마찬가지다. 맥킨지글로벌연구소가 1997년부터 2000년까지 700개 IT 기업의 제휴 성공률을 조사한 결과에 따르면, 제조 기업은 51퍼센트, 인터넷 기반 기업은 29퍼센트다. 제휴의 절반 이상이 실패한다는 이야기다. 애초에 기대한 시너지가 만들어지지 않거나, 혜택보다 제휴 관리 비용이 더 들어 결과적으로 손실을 입는다.

이렇게 콜라보레이션에 실패하지 않으려면 협력을 통해 얻고자 하는 이득과 목적, 즉 협력의 방향이 일치해야 한다. 방향이 일치하지 않는다는 것을 뒤늦게 알았을 때 이를 수습하는 비용이 만만치 않다. 제휴를 맺거나 공동 프로젝트를 진행할 때 처음부터 방향이 맞는지를 잘 따져봐야 한다.

두 번째 콜라보레이션 성공 조건은 상대의 강점이 자신의 니즈를 제대로 충족시켜줘야 한다는 점이다. 아무리 파트너의 역량이 좋더라도 협력 과정에서 제대로 발휘되지 않으면 무의미하다.

하워드 슐츠는 첨단 기술을 가진 회사들과 제휴를 맺었는데, 이때 가장 중요하게 고려한 것은 스타벅스가 추구하는 고객 경험을 높여줄 수 있느냐였다. 2015년 스타벅스는 모바일 앱으로 다양한 서비스를 제공할 수 있도록 여러 회사와 제휴를 맺었다.

우선 음식 배달 서비스 회사인 포스트메이츠Postmates와는 뉴욕 시내에서 스마트폰 앱으로 스타벅스 커피를 주문, 배달하는 서비스를 실시했다. 우버와는 스타벅스 매장에서 커피를 마시며 기다리는 동안 우버 택시를 호출할 수 있는 서비스를 만들었다. 음악 스트리밍 서비스 회사인 스포티파이와는 스타벅스 앱으로 선곡 리스트를 평가하고 노래를 신청하는 동시에 스포티파이 가입자에게는 스타벅스 쿠폰(별)을 제공해 매장 상품과 교환할 수 있게 했다. 2016년 12월에는 아마존 인공지능 비서 알렉사를 활용해 음성이나 채팅으로 음료를 주문하는 마이 스타벅스 바리스타 서비스를 내놨다.

이렇게 제휴를 통해 도입한 신기술들은 스타벅스 매장이나 모바일 환경에 자연스럽게 녹아들어 스타벅스의 고객 경험을 높이는 데 도움을 주고 있다.

협력이 잘되려면 시너지가 발생해야 한다. 특히 4차 산업혁명 시대에는 기존에 없던 전혀 새로운 영역이 등장하기 때문에 기업들이 결핍을 느낀다. 자신에게 부족한 기술을 가진 다른 기업과의 관계 구축 능력이 더욱 중요해진다.

제프 베조스는 아마존의 인공지능 서비스가 다양한 곳에서 활약할 수 있도록 하는 방안으로 제휴에 적극적이었다. 앞서 설명했듯 공기청정기 회사인 하니웰과 제휴해, 필터 교체 시기가 되면 알렉사가 알아서 아마존에 주문하도록 만들었다. 얼마나 창조적인 시너지인가.

네슬레와는 베이비네스 시스템을 개발했다. 엄마들은 아이의 영양 상태, 체온, 대변 색깔 등 일분일초 오만 가지가 신경 쓰인다. 이런 상황에서 분유가 떨어지면 그것만큼 애가 타는 일도 없다. 그런데 베이비네스 시스템은 스마트폰과 연동해 아기의 영양 상태를 상시 확인하고, 아기에게 필요한 분유나 영양제를 아마존에 바로 주문할 수 있도록 한다.

위플레니시WePlenish와는 커피, 반려 동물 사료 등을 체크하고, 부족해지면 자동으로 아마존에서 재구매하는 서비스를 제공한다.

앞서 설명했듯 아마존이 지향하는 것은 활발한 전자상거래다. 첨단 기술을 가진 다양한 회사와 제휴를 맺는 이유는 바로 이를 통해 지금까지 생각하지 못한 방법으로 상거래가 일어나도록 하기 위해서다.

세 번째 콜라보레이션 성공 조건은 강한 신뢰 관계 구축을 통한 지식 이전이다. 신뢰가 부족하면 지식이 제대로 이전되지 않아 제휴에 실패하기 쉽다. 신뢰가 부족한 원인은 다양한데, 대표적인 이유는 오늘의 동지가 내일의 적이 될 수 있기 때문이다. 제휴 관계가 끝나면 파트너가 경쟁자로 돌변할 수 있다. 과거에 이전해준 지식이 자신에게 불리하게 되돌아올 수 있다.

그런데 지식 이전이 왜 중요할까? 가브리엘 줄란스키Gabriel Szulanski 인시아드대학INSEAD 교수는 지식 이전의 효과를 계량적으로 측정했는데, 이 수치가 놀라울 정도로 높다고 밝혔다.

저는 제휴로 지식을 이전한 기업이 그 후 경영 성과를 얼마나 올렸는지 추적했습니다. 제가 관찰한 기업은 비용을 절감하거나 수익을 증대하기 위해 우수 사례를 공유, 연 수익의 35퍼센트에 달하는 이익을 창출했습니다. 비용은 이미 지출된 것이므로 이러한 노력은 손익계산에 직접적인 영향을 쳤습니다. 오늘날 제휴를 통해 새로운 지식을 학습하는 것은 너무나 중요한 일이 되고 있습니다.

줄란스키 교수에 따르면 기술 이전이 주목받기 시작한 것은 2000년대 초다. 그 전에는 내부적으로나 외부적으로 벤치마킹하거나 다른 부서의 성과를 수량화하는 것은 상상도 하지 못했다. 그런데 다른 분야의 지식을 전수받아 두 배, 세 배로 성과를 내는 놀라운 결과를 보이자 사람들은 콜라보레이션을 통한 지식 이전을 기회로 인식하기 시작했다.

줄란스키 교수는 지식 이전을 시도하는 회사 중 CEO가 이를 대수롭지 않게 생각하고 부하에게 일임해버리는 경우가 많다고 지적했다. CTO 같은 기술 책임자나 현장 담당자가 실무를 맡지만, 리더의 강력한 드라이브 없이는 기술이 쉽게 이전되지 않고 비용만 많이 들 뿐이다. 따라서 콜라보레이션은 리더의 의지가 중요하다.

콜라보레이션을 잘하기 위한 네 번째 방법은 기본적으로 이 세상이 생태계라는 점을 이해하는 것이다. 제임스 어터백 MIT 교수는 그동안의 연구로 얻은 가장 중요한 교훈이 혁신은 일종의 생태계라는 점이라고 밝혔다.

지금 여기 MIT의 창밖을 보면 생명공학 회사가 400개쯤 있습니다. 모든 일의 핵심은 다양한 참여자가 다양한 관계를 맺는 데 있습니다. MIT가 창출한 일자리와 가치를 모두 합산하면 세계 10위권 경제 대국에 맞먹습니다.

보스턴은 수많은 인재를 길러내는 인큐베이터다. MIT뿐 아니라 하버드를 비롯해 크고 작은 대학이 약 10여 곳이 더 있다. 대형 연구소와 크고 작은 회사도 많다. 이 모두가 하나의 네트워크로 협력한다는 점이 중요하다. 시설 하나, 기업 하나, CEO 한 명 때문이 아니라 여러 가지가 하나의 총체를 이루기 때문에 앞서가는 것이다.

2016년 GE가 본사를 이곳 보스턴으로 이전하기로 결정한 것도 이러한 맥락일 것이다. 이 생태계에서 육성되는 인적 자원을 더 가까이에서 확보하기 위해서 말이다. 자동차 산업 초창기의 디트로이트나 항공 산업 초기의 오하이오주 데이턴도 비슷한 과정을 겪었다. 이 지역에 지리적으로 특별한 자원이 있는 것이 아니었다. 하지만 뭔가를 개발하겠다는 의지와 투자 측면에서 구성원들의 일치단결된 노력이 있었다.

각 부분이 어떻게 하나의 전체를 이루는지가 매우 중요하다. 새로운 기술들이 융합하는 미래에는 이와 같은 단결을 통해 얼마나 경쟁력 있는 생태계를 만들어내느냐가 성장의 관건이 될 것이다.

절제하고
겸손하라

새로운 기술이나 지식의 내재화를 막는 가장 치명적 요건은 '나는 이미 잘 안다'는 생각이다. 성공해본 사람들은 그 비결을 잘 안다고 생각한다. 그러나 그것은 착각일 때가 많다. 우리는 성과를 거두고도 어떻게 그 성과를 얻었는지 여전히 잘 모른다.

2017년 스타벅스 본사를 찾았을 때 나는 경영진에게 스타벅스 성공의 핵심 비결이 뭔지 물었다. 놀랍게도 각 경영진이 제시한 성공의 핵심 요인이 모두 달랐다. 물론 커피 맛과 경험을 중시하는 기본 가치에 대해서는 비슷한 의견을 가졌지만, 좀 더 파고들면 의견이 갈라졌다.

성공해본 적이 있는 사람이든 아니든, 성공의 방법에 대해 잘 모를 수도 있다는 점을 겸허히 인정해야 한다.

가브리엘 줄란스키 교수는 이렇게 말했다.

우리가 새로운 사업 모델이나 생산 기술을 도입하려고 할 때, 첫 번째로 해야 할 일은 원형 그대로를 재현하는 것입니다. 대부분 기업은 그 기술을 성공적으로 활용하는 법을 잘 모릅니다. 잘 안다고 착각하죠. 그 기술이 가진 기능들을 변형하거나 가공하지 말고 최대한 그대로 재현해보는 것이 시작입니다. 그런 후 자신에게 맞지 않는 부분을 찾아내 조금씩 조정해나가는 것이 바람직합니다.

원형 그대로 재현하라는 말은 함부로 아는 척하며 가감하지 말라는 뜻이다. 잘 안다고 말하는 사람치고 온전히 이해하는 경우가 없다.

하워드 슐츠는 이탈리아의 커피 문화를 미국에 전파하고 싶어 직접 이탈리아로 가서 커피 문화를 관찰하고 그 결과를 수백 장에 달하는 기록으로 남겼다. 그가 미국으로 돌아와 어떻게 했을까? 미국 시장을 잘 안다고 생각하는 경영자였다면 먼저 미국과 이탈리아의 커피 문화를 융합했을 것이다.

그러나 하워드 슐츠는 달랐다. 미국 시장도 아직 잘 모르고, 이탈리아의 커피 문화는 전혀 모른다고 여겼다. 잘 모르지만, 일단 이탈리아에서 관찰한 것들을 미국 시애틀에서 그대로 재현해보기로 했다. 성공요인이 뭐가 될지 정확히 모른다고 인정했기 때문에 초기 스타벅스 매장은 이탈리아 에스프레소 바처럼 메뉴를 아예 이탈리아어로 표기했다. 미국인이 유럽 사람만큼 오페라를 좋아하지 않는데도 매장에 오페라를 틀었다. 이탈리아 에스프레소 바처럼 커피를 서서 마시게 했고, 바리스타는 나비넥타이까지 해야 했다.

고객들은 의아해했다.

"이탈리아어로 된 메뉴를 못 읽겠으니 영어 메뉴를 주세요."

"다른 음악을 틀어주세요."

스타벅스는 이탈리아 사례를 일단 완벽하게 모방한 다음에 어떤 요소를 바꿀지 천천히 결정하고 다듬어갔다. 미국 시장을 잘 안다고 확신하지 않았다. 미국인은 종이컵으로 테이크아웃하는 것을 좋아한다고 결론 내리는 대신 이탈리아 카페의 원형을 완전히 재현한 다음 미국 시장에 적합한 요소를 점진적으로 발전시켜나갔다.

새로운 기술을 내재화하는 것도 이와 같다. 잘 모르는 상태에서는 일단 있는 그대로를 봐야 한다. 온전히 받아들이는 것이 배움의 시작이다. 그리고 나서 잘 맞지 않는 부분, 보완할 부분을 조금씩 조정하는 것이 바람직하다.

앞으로의 신기술은 더더욱 자신이 모르는 영역일 가능성이 높다. 겸허한 자세를 가져야 한다. 인공지능 의사 결정 시스템을 통한 새로운 의사 결정 기법을 도입할 때, 가장 어리석은 것은 이 새로운 시스템을 자신의 방식에 가두는 것이다. 자신이 가장 잘 안다고 판단하고, 어설프게 새로운 시스템을 통합할 경우 그 기능을 제대로 발휘하지 못할 뿐 아니라 보완점을 찾아내기도 어렵다.

겸손은 콜라보레이션을 할 때도 중요하다. 콜라보레이션은 상대에게 배우는 과정이다. 상대가 가진 것을 안다고 자신하는 것은 매우 어리석다. 제휴를 통해 지식을 전수받는 것은 일시적인 이벤트가 아니라 시간이 걸리는 과정이다. 새로운 기술을 습득하고 이를 개발하는 데 몇 년이 걸릴 수도 있다. 이 점을 생각한다면 어설픈 지식은 배움에 별로 도움이 되지 않는다는 사실을 인정해야 한다.

흔히 지식경영학계에서 '암묵 지식'이라고 부르는 것이 있다. 텍스트나 도표가 아닌 전문가의 경험과 머릿속에 든 지식이다. 예를 들어 자전거 타는 법 같은 것이다. 자전거를 처음 탈 때는 먼저 자세히 관찰하고 이미 타본 사람의 가르침을 받아야 한다. 새로운 기술을 이전하는 것도 마찬가지다.

휴렛패커드Hewlett-Packard는 이 암묵 지식이 매뉴얼이나 일시적 교육을 통해 전수될 수 없다는 점을 잘 이해했다. 프린터 기술을 싱가포르 등 다른 지사에 전수할 때 이 점을 유념했다. 설계 매뉴얼과 설계법이 따로 있었지만, 기업의 성공 비결과 프린터 설계 비법은 미국 본사 엔지니어들의 수첩 혹은 말에 녹아 있었다. 그래서 휴렛패커드는 싱가포르 엔지니어들을 미국 본사로 불러들여 직접 설계 과정을 관찰하게 했다. 양국 엔지니어들이 함께하는 자리를 마련해 인간관계를 형성시켰다. 본사 전문가들과 지사 엔지니어들이 겸허히 배우는 자세로 교류하면서 경험과 지식이 빠르게 이전될 수 있었다.

그런데 배움 앞에 겸손한 사람에게 나타나는 특징이 있다. 힉슨 그레이시Rickson Gracie라는 브라질의 전설적인 주짓수 선수가 있다. 450전 450승으로 유명한 무패 신화의 주인공이다. 네댓 체급 차이가 나는 선수들도 거뜬히 무너뜨리는 실력자다. 그가 평상시 중요하게 여기는 것이 있다.

보통 선수들은 다급해지면 힘을 남발합니다. 서둘러 득점하려고 불필요한 공격을 합니다. 그러다 평소에 안 보이던 허점을 노출하고 맙니다. 다급한 상황에서도 마음이 흔들리지 않는 것이 노련한 선수의 특징입니다. 상황이 급박해질수록 경기는 힘이 아닌 절제의 겨루기가 됩니다.

승리의 전제 조건이 절제라는 사실이 새롭다. 절제는 새로운 기술을 내재화하는 데 있어 매우 중요한 조건이다. 신기술이 쏟아지는 상황에서 무절제한 기술 도입은 수많은 허점을 양산한다. 절제는 힘을 낭비하지 않고 배움에 집중하게 만드는 능력이다. 물론 새로운 기술에 대한 이해력이 타고난 회사도 있다. 문화 자체가 처음부터 아주 혁신적인 회사도 있다. 이들은 고도의 혁신을 비교적 가뿐히 수행해낸다. 처음부터 실험적인 시도를 좋아하는 조직도 있다. 하지만 이런 재능이 다가 아니다.

레고는 아시아 시장에서도 성장 중인 세계 최대 장난감 회사다. 하지만 1990년대 후반, 존폐의 위기에 몰렸다.

레고의 혁신 능력은 예전에도 훌륭했다. 혁신을 이뤄내는 협력 문화가 있었고, 조직 역량도 뛰어났다. 우수한 인재에 자원도 충분했다. 하지만 절제가 부족했다. 상상할 수 있는 모든 기회를 잡는 것이 모토라지만 너무 무분별했다. 테마 공원 사업에 진출했다 수포로 돌아갔다. 영화 사업에도 진출했지만 잘 안 됐다. 전자 완구 시장에도 진출했다. 모두 레고의 경쟁력과 무관했다. 레고의 강점은 손으로 만지는 장난감에서 쌓은 혁신성과 창의성이다. 그런데 무분별하게 아이디어를 내재화시키는 바람에 중심을 잃고 만 것이다.

절제력을 발휘하는 방법은 간단하다. '폭넓게 살펴보되 깐깐하게 고르는 것'이다. 이 절제가 부족했던 레고는 결국 1998년에 부도 위기를 맞았다. 이후 새로운 CEO가 영입돼 회사를 바꿨다. 조직에 절제력을 불어넣었다. 다양한 곳에서 얻은 아이디어를 선별적으로 활용했고, 여기저기 벌여놨던 프로젝트도 정리했다. 인력 영입도 절제 있게 진행했다. 레고의 기존 역량에 집중했다. 그 결과, 레고는 회생했고 세계 최대 장난감 회사가 됐다.

기술 격변기에 새로운 기술을 적극적으로 도입하는 도전 정신은 매우 중요하다. 하지만 무분별한, 의욕에 앞선 도전은 화를 부를 수 있다는 점도 함께 명심해야 한다.

인류 역사상 최초로 북극에 도달한 아문센Amundsen은 20마일이라는 절제의 규칙을 설정했다. 하루 행군 목표를 20마일로 잡은 것이다. 앞으로 가는 것이 불가능해 보이는 상황에서도 목표를 달성하려 애썼다. 이와 마찬가지로 날씨가 아주 좋아 20마일 넘게 갈 수 있을 때에도 규칙을 지켰다. 여건이 좋으면 더 많이 가려고 무리하기 쉽다. 그러면 곧 닥칠 악천후에 대비할 여력을 확보하지 못하고, 결국 심각한 상황을 맞게 된다. 아문센과 비슷한 시기에 북극 탐험에 도전한 스콧Scott은 이런 절제가 부족해 불행한 최후를 맞았다.

격변의 시기에 대담하게 도전하는 동시에 규율을 만들어 절제할 줄 알아야 한다. 지금은 도전과 절제의 균형이 필요한 시점이다.

나무 대신 숲을 봐라,
J 커브

볼링을 치는 사람들이 흔히 하는 이야기가 있다.

"처음에 점수가 가장 잘 나왔다."

그 이유는 볼링을 치면 칠수록 애버리지가 떨어져 처음 경기 수준만 못하기 때문이다. 흥미를 잃지 않고 계속 연습한다면 언제부터인가 애 버리지는 하강을 멈추고 올라가기 시작한다. 이렇게 초기에 점수가 떨 어지다가 점진적으로 상승하는 패턴은 볼링에서만 나타나는 것이 아 니다.

운동한다고 바로 체력이 강해지지는 않는다. 단기적으로는 피로물 질 축적과 근육통으로 도리어 한동안 체력이 떨어지기도 한다. 체력 향상은 이것들이 회복된 뒤에야 확인할 수 있다. 근력 운동도 2주에서 4주까지는 근육이 거의 커지지 않는다. 몸은 근육을 늘리고 싶어 하지 않는다. 심지어 글리코겐이 빠지면서 근육이 줄어들기도 한다. 근육량 이 늘어나는 것을 보려면 적어도 한 달은 기다려야 한다.

흔히 음식을 많이 먹으면 혈당이 높아진다고 생각하지만, 식후 저혈 당이라는 현상도 있다. 일단 음식을 먹으면 혈당이 오른다. 조금 늦게 인슐린이 늘어난다. 시간이 지나 혈당이 떨어지지만, 인슐린은 그보다 늦게 줄어든다. 그래서 저혈당 구간이 생긴다. 이것이 바로 식후 저혈 당이다. 고열량, 고당분 식사를 할수록 이 구덩이가 깊어진다. 고열량 을 폭식하면 무기력해지거나 달콤한 후식이 생각나는 것은 바로 이 때

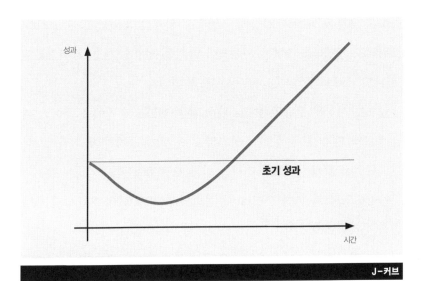

성과

초기 성과

시간

J-커브

출처: 위키피디아

문이다.

이것이 바로 지난 10년간 발달과학 분야 최고의 발견으로 여겨지는 'J커브 현상'이다. 주로 학습의 영역에서 다루어지는데, 뭔가를 배울 때 처음에는 퇴보하는 듯 보인다. 쉬워 보였는데 막상 해보니 실수를 반복하게 된다. 바보가 된 듯한 느낌을 받는다. 바로 이것이 J 자 중간의 움푹 팬 부분 같다. 이 슬럼프를 극복하고 나서야 바보 같은 실수가 성장의 전 단계임을 깨닫는다. 그리고 곧 급속한 성장의 단계로 접어든다.

스타트업에서는 '죽음의 계곡Death Valley'이라고 부른다. 스타트업 대부분이 자본이 충분하지 않은 상태에서 시작한다. 결실을 맺으려면 시간이 걸리는데, 사업을 키울수록 소모되는 자원은 늘어난다. 이 때문에 초기에는 저점을 통과하지 못하고 계곡에서 쓰러진다. 대개 사업을 시작하고 제품을 개발해 시장에서 반응을 일으키기까지 3년이 걸린다. 트위터도 창업하고 5년이 지나서야 유의한 성장을 했고, 페이스북도 J커브의 계곡을 통과하는 데 7년 정도가 걸렸다.

앞으로 시장에 전방위적으로 매우 빠른 변화들이 찾아올 것이기 때문에, 이러한 J커브를 수없이 목격하게 될 것이다. 이런 패턴이 익숙한 실리콘밸리에서는 J커브를 견디는 일이 자주 회자된다.

아마존도 사업 초반에 J커브를 경험했다. 1990년대 후반까지 아마존은 온라인에서 절대 강자였다. 그러다 2000년 IT 버블이 붕괴하면서 주가가 곤두박질치자 아마존은 치명적인 위기를 겪는다. 두 차례에 걸쳐 정리해고를 단행했고, 아마존 직원들은 누가 정리해고될지 모르는 불안에 떨었다. CEO인 제프 베조스는 계속되는 경기 침체에 소비 심리가 크게 위축된 상황에서 정리해고는 회사가 할 수 있는 최선의 선택이었다고 고백했다.

2001년 9월, 아마존 주가는 5.97달러로 사상 최저가를 기록했다. 잘나가는 IT 기업에서 한순간에 나락으로 떨어진 것이다. 다행스러운 것은 기술주 특성상 개미 투자자들은 빨리 털고 빠져나가기 어려웠다. 그래서 투자금이 빠르게 이탈되지는 않았다. 아마존은 비교적 넉넉한 자본금이 있었기 때문에 자금을 현금화하고 재정 균형을 맞춰나갔다.

이때 베조스는 위기에 몸을 사리지 않고 오히려 다양한 분야에 대규모 투자를 했다. 적자 행진은 계속했지만 그의 대담한 노력은 2002년 1월에 드디어 결실을 보게 된다. 아마존의 주가가 반등했고 7년 만에 회복기에 들어선 것이다. 베조스의 확고한 자신감 덕분이라고밖에 할 수 없다. 거시적인 통찰력을 지닌 제프 베조스와 달리 비관론자들은 단기적인 면에만 집착했다. 그러나 베조스는 나무만 보지 않고 숲을 보고 사업을 밀어붙인 것이다.

먼 미래의 성장을 위해 오늘 어려운 상황을 이겨내는 것이 중요하다는 사실을 모두가 암묵적으로 공감한다. 이 때문일까? 실리콘밸리는 실패에 너그럽다.

윌리엄 밀러 스탠퍼드대학 교수는 기술경영의 성공은 실패에 대한 태도에 달렸다고 했다.

성공하기 위해 가장 중요한 것은 실패를 두려워하지 않는 것입니다. 실패를 두려워 마십시오. 실패를 통해 많이 배우게 됩니다. 어려움을 극복하는 방법도 알게 됩니다. 새로운 도전을 두려워 마십시오.

실패에 너그러운 시장에서는 크게 실패한 사업가에게도 얼마든지 재기의 기회가 주어진다. 사업에 실패해 자금을 모두 탕진했다 하더라도 새로운 아이디어로 다시 사업에 도전하면 그 아이디어에 공감하는 투자자들이 얼마든지 나서고, 실패 경험을 중요한 자산으로 인정해주기까지 한다.

에릭 슈미트가 2007년 한국에 왔을 때 SERICEO 조찬 세미나에서 한국의 경영자들에게 이런 일화를 이야기해줬다.

구글은 서비스가 많은 만큼 실패도 많았다. 2006년, 구글 광고주들을 위해 신문을 인쇄하는 툴을 개발했다. 그런데 배포한 시험판이 오작동해버렸다. 이런 경우, 대체로 개발 담당자를 질책하거나 심하면 해고하리라 예상하는데, 구글은 오히려 용기를 북돋워줬다. 7개월 뒤 보완된 제품이 나왔고, 크게 성공했다.

구글은 어떻게 개발자를 질책하지 않고 배려할 수 있었을까? 그 배경에 대해 에릭 슈미트는 이렇게 말했다.

우리는 실패를 통해 바닥을 친 사람은 다시 올라갈 수 있다는 믿음을 갖고 있습니다.

우리나라의 시스템과 대비되는 대목이다. 우리나라에서는 뭔가 실패한 사람을 '또 한 번 실패할 가능성이 높은 사람'으로 치부한다.

J커브에 대한 이해에 따라 이렇게 생각이 달라진다. 실리콘밸리에서는 사업 도중 생기는 실패를 향후 급성장의 필수 절차로 받아들이고, 실패를 겪으면서 쌓은 지혜와 사업 노하우를 긍정적인 자산으로 인정해준다. 우리나라에는 이 같은 관점이 아직 부족하다. 실패에 대한 관점을 바꿔야 한다. 한 번의 실패를 향후 또 다른 실패를 예측하는 변수로 바라볼 것이 아니라 죽음의 계곡에서 향후 급상승하리라고 믿는 사고를 가져야 한다.

기술지능은 특히 변화에 대한 해석이 중요한데, 이때도 J커브가 중요한 가이드라인이 된다. 새로운 기술에 베팅할 때, 기술의 생리를 잘 아는 사람은 앞으로의 J커브 변환에 대한 감을 가지고 있다. J커브를 겪고 성공하기까지 현금이 얼마나 필요할지 꿰뚫고 있다. J커브로 자금

투입 규모, 타이밍, 매출이 발생하기까지 소요되는 시간, 궁극적으로는 최대 현금 흐름을 파악할 수 있다. 신기술과 관련한 사업을 하는 경영자나 투자자 모두 J커브라는 큰 그림에 대한 이해가 필요하다.

J커브를 극복하는 데 있어 중요한 변수는 목표다. 장기 목표가 없다면 슬럼프를 극복하지 못하고 엄청난 성장을 포기해버리는 어처구니없는 실수를 범한다.

서경배 아모레퍼시픽 회장은 화장품에 대한 세계인의 이해와 사용법을 바꾸기 위해 길고 긴 노력을 기울였다. 한국인들은 피부 미용에 관심이 아주 많지만 서구권은 그렇지 않다. 아모레퍼시픽의 목표는 그런 인식을 바꾸는 것이었다. 이를 위해 고유의 식물성 재료와 자체 기술을 개발했다. 세계인을 설득하기까지 수많은 좌절을 맛봤다. 하지만 J커브의 큰 그림을 바라보고 계속 도전했다.

시장을 설득하기까지는 많은 시간이 필요하다. 위대한 기업은 장기적 비전을 가진 기업이다. 그 비전하에서 잠깐의 퇴보를 지혜롭게 수용할 줄 알아야 한다. 그것이 내일의 성과에 대한 원동력이 된다.

4차 산업혁명에 따른 변화는 통제할 수 없으며 불가피하다. 어떤 노력을 하든 변화는 반드시 일어난다. 그 누구도 변화를 막을 수 없다. 이럴 때일수록 낙관적으로 생각해야 한다. 새로운 기술과 그로 인한 변화를 수용하는 것이 실보다는 득이 많으리란 점을 인정해야 한다. 미래를 낙관적으로 바라봐야 보다 나은 방식으로 행동할 수 있고, 보다 큰 이익을 꾀할 수 있다.

이와 더불어 반드시 유지해야 할 자세가 있다. 아무리 똑똑해도, 아무리 지금 기술에 대한 숙련도가 높아도 자신이 항상 초보자라는 점을 기억해야 한다. 지금은 항상 새로운 것을 새로이 배워야 한다. 어떤 회사에 다니든, 무슨 사업을 하든 미래의 관점에서 봤을 때 우리는 언제나 시작점에 서 있다. 언제든 모든 것을 새로 배울 준비가 돼 있어야 한다. 이렇게 변화를 배우는 자세를 배우는 것이 이 시대를 이끄는 리더에게 가장 필요한 자질이 아닐까 싶다.

끝의 경영

스트라디바리우스Stradivarius, 과르네리 델 제수Guarneri Del Gesu, 스타인웨이Steinway.

음악을 전공하지 않았더라도 누구나 들어봤을 최고의 바이올린과 피아노다. 이렇게 최고 품질의 악기를 만들 때 흔히 전나무를 쓴다. 전나무는 현이 내는 건조한 소리에 깊은 울림을 주는 중요한 재료다. 그런데 전나무의 생애를 보면 그것이 만들어내는 소리만큼이나 깊은 울림을 준다.

전나무는 깊은 산속에서 자라는 사철 푸른 침엽수다. 환경이 나빠져 생명이 위태로워지면 그 어느 때보다 화려하고 풍성한 꽃을 피운다. 생물학적으로는 '앙스트블뤼테Angstblüte'라고 한다. 불안을 뜻하는 '앙스트angst'와 개화開花를 뜻하는 '블뤼테blüte'의 합성어다. 죽을지도 몰라 불안해하는 가장 어려운 시기에 생애 최고의 절정을 만들어내는 역발상적이고 대담한 창조 행위다. 삶의 끝에 직면한 순간, 온 힘을 다해 '생명 에너지florigen'를 뿜어내어 죽음이란 운명과 정면 승부를 벌이는 것이다.

우리 역사를 되돌아보면 언제나 앙스트블뤼테의 힘이 있었다. 1998년 외환 위기 당시, 우리나라 빚은 1,500억 달러였다. GNP의 3분의 1 규모였으니 얼마나 심각했는지 감이 올 것이다. 당시 국고에는 갚을 돈이 없었다. 여기저기서 "국가 부도가 임박했다!", "회생이 불가능하다!"는 소문이 무성했다. 우리 역사가 끝날 것만 같았다. 그런데 곧 반전이 일어났다.

"나라 빚, 우리가 갚아주자."

금 모으기 운동이 대대적으로 벌어졌고, 한 사람 또 한 사람이 장롱 속에 잠자던 금을 꺼내 나라에 기부했다. 그리고 한 달 만에 350만 명이 16만 킬로그램이나 되는 금을 모았다. 당시 가치로 약 2조 5,000억 원에 해당한다. 이 금 모으기 운동은 전 세계를 놀라게 했다. 외환 위기 탈출의 초석이 됐고, 한국인의 저력을 전 세계에 증명하는 계기가 됐다. 불안에 굴하지 않은 한국인은 실낱같은 희망을 믿고 민족의 모든 기운을 끌어모았고, 그렇게 다져진 결집력으로 찬란한 앙스트블뤼테를 피워냈다.

이 앙스트블뤼테의 힘이 지금 다시 필요하다. 4차 산업혁명은 인류를 새로운 시대로 이끌고 있다. 과도기 속에서 모두가 불안과 두려움으로 가득하다. 기득권이 무너지고, 그동안의 부 축적 방식이 더 이상 통하지 않기 때문이다. 놀라운 신기술을 내놓는 미국과 중국 이야기를 들으면, 속도를 내지 못하는 우리가 답답하게 느껴지기도 한다. 하지만 지금은 종말로 향하는 불안한 시기가 아니라 전혀 다른 시작을 준비하는 시기다.

케빈 로버츠 사치앤드사치 회장이 해준 이야기 중에 이 말이 기억에 남는다.

위대한 아이디어의 대부분은 끝에서 튀어나옵니다. 끝은 불안한 곳이지만, 가능성이 무한한 곳이기도 합니다. 변화는 항상 끝에서 시작됩니다. 이곳에서는 중심부인 전통성이 힘을 잃습니다. 전통이 끝나고 새로운 변화가 시작되는 지점입니다.

지금이 바로 전 시대의 끝부분이다. 2차, 3차 산업혁명으로 다져온 지난 시대가 4차 산업혁명을 거치며 새롭게 탈바꿈하고 있다. 우리는 지금을 무한한 창조가 일어나는 시기로 봐야 한다. 모든 지식과 아이디어를 결집해 '끝의 창조'를 이루어내야 한다. 불안감은 돌진을 위한 원동력으로 삼아야 한다. 지금 피는 꽃이 어쩌면 절정일 수 있다는 점을 기억해야 한다. 지금이야말로 모든 간절함과 모든 의지와 모든 집중력을 쏟아내야 한다.

이 책은 지금 우리가 어디로 향해야 하는지 그 방향을 제시했다. 다가오는 시기에 가장 중요한 능력이 기술지능임을 거듭 강조했다. 이 새로운 역량으로 우리 자신을 무장할 수 있다면, 대한민국은 더없이 화려하고 눈부신 꽃을 피워낼 수 있으리라 확신한다. 아무쪼록 독자 여러분이 새롭게 도약하는 주역이 되길 기원한다.

이 책을 쓰는 데 도움을 주신 분들이 많다. 지적인 성장을 위해 기회를 주시고 배려해주신 직장 상사 노재범 멀티캠퍼스 전무와 배정훈 지식콘텐츠그룹장께 깊이 감사드린다. 연구의 장場으로 이끌어주시고, 학문적 지평을 넓힐 기회를 주신 서울대학교 강진아 교수님께 감사드린다. 끝으로 책을 쓰는 과정에서 모든 것을 이해해주고 지원을 아끼지 않은 아내에게 감사의 뜻을 전한다.

1장

도서

· 리처드 서스킨드 · 대니얼 서스킨드 지음, 위대선 옮김, 《4차 산업혁명 시대 전문직의 미래》, 와이즈베리, 2016.

· 살림 이스마일 외, 《기하급수 시대가 온다》, 청림출판, 2016.

· 딜로이트 안진회계법인 · 딜로이트 컨설팅 지음, 《경계의 종말》, 원앤원북스, 2016.

· 토머스 프레이 지음, 이미숙 옮김, 《미래와의 대화》, 북스토리, 2016.

· 리처드 돕스 외 지음, 고영태 옮김, 《미래의 속도》, 청림출판, 2016.

· 애슐리 반스 지음, 안기순 옮김, 《일론 머스크 미래의 설계자》, 김영사, 2015.

· 피터 틸 · 블레이크 매스터스 지음, 이지연 옮김, 《제로 투 원》, 한국경제신문사, 2014.

· James M. Utterback, 《Radical Innovation, International Center for Research on the Management of Technology》, Sloan School of

Management, Massachusetts Institute of Technology, 1993.

보고서/논문

· 김민식, 손가녕, 〈정보통신정책연구원동향 제4차 산업혁명과 디지털 트랜스포메이 션(Digital Transformation)의 이해〉(2017), 제29권 3호 통권 640호.

· 한국정보산업연합회, 〈IT 산업 메가트렌드: 디지털트랜스포메이션을 향한 여정〉 (2017).

· Chung, D., Cho, T. S., & Kang, J., 〈TMT Knowledge Specificity and Search Behavior on Innovation: a Contingency Perspective. In Academy of Management Proceedings〉(2015), Vol. 2015, No. 1, p. 11,499, Academy of Management.

· "Fast Company's 2017 World's 50 Most Innovative Companies", 〈Fast Company〉, 2017. 02.

· James M. Utterback, 〈Mastering the Dynamics of Innovation〉(1996), Harvard Business Review Press.

기사

· "Facebook F8: Brain-to-Text", 〈Fortune〉, 2017. 4. 19.

2장

도서

· 케빈 켈리 지음, 이한음 옮김, 《기술의 충격》, 민음사 2011.
· 살림 이스마일 외, 《기하급수 시대가 온다》, 청림출판, 2016.
· 지크문트 프로이트 지음, 이광일 옮김, 《레오나르도 다빈치》, 여름언덕, 2012.
· 케빈 켈리 지음, 이한음 옮김, 《인에비터블 미래의 정체》, 청림출판, 2017.
· 데이비드 요피 · 마이클 쿠수마노 지음, 홍승현 옮김, 《전략의 원칙》, 흐름출판,

2016.

· 클라우스 슈밥 지음, 송경진 옮김,《클라우스 슈밥의 제4차 산업혁명》, 새로운현재, 2016.

· 게리 클라인 지음, 김창준 옮김,《통찰》, 알키, 2015.

· 도널드 설 지음, 안세민 옮김,《혼돈을 넘어 위대한 기업으로》, 청림출판, 2010.

· 마이클 A. 쿠수마노 지음, 정성묵 옮김,《흔들리는 시장에서 미래를 만드는 영속 성장 기업의 비밀 6》, 21세기북스, 2011.

보고서/논문

· Adam Marchick, "The 2017 Voice Report by VoiceLabs", ⟨Voice Report⟩, January 15, 2017.

· "5 Big Predictions for Artificial Intelligence in 2017", ⟨MIT Technology review⟩, 2017. 1. 4.

· "Factories 2.0", ⟨MIT Technology Review⟩, 2016. 10. 18.

· "Four Important Things to Expect in Virtual Reality", ⟨MIT Technology Review⟩, 2015. 12. 28.

· "The 3-D Printer That Could Finally Change Manufacturing", ⟨MIT Technology Review⟩, 2017. 4. 25.

· "A Secure Model of IoT with Blockchain", ⟨MIT Technology Review⟩, 2017. 1. 5.

· Benedetto, C. A., DeSarbo, W. S., & Song, M., "Strategic capabilities and radical innovation: an empirical study in three countries", ⟨IEEE Transactions on Engineering Management⟩(2008) 55(3), pp. 420~433.

· Chandy, R. K., & Tellis, G. J., "Organizing for radical product innovation: The overlooked role of willingness to cannibalize", ⟨Journal of marketing research⟩ (1998), pp. 474~487.

· Datta, A., & Jessup, L. M., "Looking beyond the focal industry and existing technologies for radical innovations". ⟨Technovation⟩(2013) 33(10), pp.

355~367.

· Dahlin, K. B., & Behrens, D. M., "When is an invention really radical?: Defining and measuring technological radicalness", ⟨Research Policy⟩(2005) 34(5), pp. 717~737.

· Dewar, R. D., & Dutton, J. E., "The adoption of radical and incremental innovations: An empirical analysis", ⟨Management science⟩(1986) 32(11), pp. 1,422~1,433.

· Leifer, R., O'Connor, G. C., & Rice, M., "Implementing radical innovation in mature firms: The role of hubs", ⟨The Academy of Management Executive⟩(2001) 15(3), pp. 102~113.

· McLaughlin, P., Bessant, J., & Smart, P., "Developing an organisation culture to facilitate radical innovation". ⟨International Journal of Technology Management⟩(2008), 44(3~4), pp. 298~323.

· Nijssen, E. J., Hillebrand, B., & Vermeulen, P. A., "Unraveling willingness to cannibalize: a closer look at the barrier to radical innovation", ⟨Technovation⟩ (2005) 25(12), pp. 1,400~1,409.

· O'Connor, G. C., & Ayers, A. D., "Building a radical innovation competency", ⟨Research-Technology Management⟩ (2005) 48(1), pp. 23~31.

기사

· "Global 3D Printing Market", ⟨Transparency Market Research⟩, 2017. 8. 31.
· "Blockchain, Distributed ledger technology", ⟨Aite Group⟩, (2017. 3. 2.
· "알고 보면 레고보다 쉽다! '블록체인'", ⟨MSIT Webzine⟩, 2017. 3.

3장

도서

· 데이비드 요피 · 마이클 쿠수마노 지음, 홍승현 옮김, 《전략의 원칙》, 흐름출판, 2016.
· 클레이튼 M. 크리스텐슨 지음, 이진원 옮김, 《혁신기업의 딜레마》, 세종서적, 2009.
· 마이클 A. 쿠수마노 지음, 정성묵 옮김, 《흔들리는 시장에서 미래를 만드는 영속 성 장 기업의 비밀 6》, 21세기북스, 2011.

보고서/논문

· "24 Industries Other Than Auto That Driverless Cars Could Turn Upside Down", ⟨CB Insights⟩, July 31, 2017.

기사

· "Uber vs. Taxi: Which Is Cheaper?", ⟨Consumer Reports⟩, 2016. 6. 10.

4장

도서

· 딜로이트 안진회계법인 · 딜로이트 컨설팅 지음, 《경계의 종말》, 원앤원북스, 2016.
· 페드로 도밍고스 지음, 강형진 옮김, 《마스터 알고리즘》, 비즈니스북스, 2016.
· 리처드 돕스 외 지음, 고영태 옮김, 《미래의 속도》, 청림출판, 2016.
· 리처드 파인만 지음, 승영조 옮김, 《발견하는 즐거움》, 승산, 2001.
· 케빈 켈리 지음, 이한음 옮김, 《인에비터블 미래의 정체》, 청림출판, 2017.

보고서/논문

· Doohee Chung, "The Concept of Fit in Technological Innovation

Research", 〈Research of Industry innovation〉 33-1, 2017. 3.

· Ansari, S. M., Fiss, P. C. and Zajac, E. J.(2010), "Made to fit: How practices vary as they diffuse", 〈Academy of management review〉 Vol. 35, No. 1, pp. 67~92.

· Carmeli, A., Gelbard, R. and Gefen, D.(2010), "The importance of innovation leadership in cultivating strategic fit and enhancing firm performance", 〈The Leadership Quarterly〉 Vol. 21, No. 3, pp. 339~349.

· Edwards, J. R., Cable, D. M., Williamson, I. O., Lambert, L. S. and Shipp, A. J., "The phenomenology of fit: linking the person and environment to the subjective experience of person-environment fit", 〈Journal of Applied Psychology〉(2006) Vol. 91, No. 4, pp. 802~827.

· Ensign, P. C., "The concept of fit in organizational research", 〈International Journal Organization Theory and Behavior〉(2001) Vol. 4, No. 3~4, pp. 287~306.

· Fortwengel, J., "Practice Transfer in Organizations: The Role of Governance Mode for Internal and External Fit", 〈Organization Science〉(2017) Vol. 28, No. 4, pp. 690~710.

기사
· "IBM 인공지능 '왓슨'이 집안으로 들어온다", 〈CIO Korea〉, 2016. 9. 5.
· "IBM, 5년 후 미래 IT 전망", 2017. 1. 6.
· 한국정보산업연합회 (2017), "IT 산업 메가트렌드: 디지털트랜스포메이션을 향한 여정
· Google 등 IT 거대기업 AI 기업인수에 주력", 〈Digital Retail Trend〉, 2017. 4. 7.

5장

도서

· 김수연 지음, 《수수께끼의 화가 르네 마그리트》, 시공아트, 2010.
· 데이비드 요피 · 마이클 쿠수마노 지음, 홍승현 옮김, 《전략의 원칙》, 흐름출판, 2016.
· 클레이튼 M. 크리스텐슨 지음, 이진원 옮김, 《혁신기업의 딜레마》, 세종서적, 2009.
· David Rose, 《Enchanted Objects: Innovation, Design, and the Future of Technology》 (Reprint Edition), Scribner, 2015.
· James M. Utterback, 《Mastering the Dynamics of Innovation》, Harvard Business Review Press, 1996.

기사

· "스타벅스(Starbucks)는 어떻게 디지털트랜스포메이션에 성공하였나", 〈Digital Retail Trend〉, 2017. 7. 28.
· "오프라인에서 위챗 페이가 강세일 수밖에 없는 이유", 〈One Asia – Medium〉, 2017. 3. 7.
· "Amazon Prime Air drone completes its first US public delivery", 〈CNET〉, 2017. 3. 24.
· "Starbucks to step up rollout of 'digital flywheel' strategy", 〈ZDNet〉, 2017. 7. 28
· "This Stylish Smart Luggage Will Completely Change the Way You Travel", 〈VOGUE〉, April 7, 2016.
· "Mercedes-Benz and Matternet unveil vans that launch delivery drones", 〈Techcrunch〉, 2016. 9. 7.
· "Tesla roadster history", 〈Business Insider〉, 2016. 3. 30.
· "2017 Tesla Model 3 Reviews and Rating", 〈Motor Trend〉, 2017.
· "Tesla Model S Reviews: Research New & Used Models", 〈Motor Trend〉,

2017.

6장

도서

- 월터 아이작슨 지음, 안진환 옮김, 《스티브 잡스》, 민음사, 2015.
- 브래드 스톤 지음, 야나 마키에이라 옮김, 《아마존 세상의 모든 것을 팝니다》, 21세기북스, 2014.
- 앤드류 그로브 지음, 김이숙 옮김, 《앤드류 그로브의 위대한 수업》, 한국경제신문사, 2004.
- 데이비드 요피 · 마이클 쿠수마노 지음, 홍승현 옮김, 《전략의 원칙》, 흐름출판, 2016.
- 잭 웰치 · 수지 웰치 지음, 강주헌 옮김, 《잭 웰치의 마지막 강의》, 알프레드, 2015.
- 잭 웰치 · 수지 웰치 지음, 윤여필 옮김, 《잭 웰치 승자의 조건》, 청림출판, 2007.
- 조지 S. 데이 지음, 박선령 옮김, 《기업 성장을 가속화하는 혁신역량 극대화 전략》, 매경출판 2014.

보고서/논문

- "Blockbuster Becomes a Casualty of Big Bang Disruption", 〈Harvard Business Review〉, 2013. 11.
- "2015년 중국 스마트폰 시장 결산 및 2016년 전망", 〈KOTRA 해외시장 뉴스〉, 박은균 중국 선전무역관, 2016. 6. 30.

기사

- "GE 소프트웨어 기업으로 변신…산업인터넷 플랫폼 '프레딕스'", 〈IT News〉, 2016. 4. 18.

7장

도서

· 토마스 슐츠 지음, 이덕임 옮김,《구글의 미래》, 비즈니스북스, 2016.

· 로버트 하그로브 지음, 김신배 · 김재우 · 최치영 옮김,《마스터풀 코칭》, 쌤앤파커스, 2015.

· 정두희 지음,《미장세》, 쌤앤파커스, 2014.

· 토머스 프레이 지음, 이미숙 옮김,《미래와의 대화》, 북스토리, 2016.

· 월터 아이작슨 지음, 안진환 옮김,《스티브 잡스》, 민음사, 2015.

· 도널드 설 · 캐슬린 M. 아이젠하트 지음, 위대선 옮김,《심플, 결정의 조건》, 와이즈베리, 2016.

· 케빈 켈리 지음, 이한음 옮김,《인에비터블 미래의 정체》, 청림출판, 2017.

· 잭 웰치 · 수지 웰치 지음, 강주헌 옮김,《잭 웰치의 마지막 강의》, 알프레드, 2015.

· 톰 피터스 · 로버트 워터먼 지음, 이동현 옮김,《초우량 기업의 조건》, 더난출판, 2005.

· 도널드 설 지음, 안세민 옮김,《혼돈을 넘어 위대한 기업으로》, 청림출판, 2010.

· 클레이튼 M. 크리스텐슨 지음, 이진원 옮김,《혁신기업의 딜레마》, 세종서적, 2009.

· James M. Utterback,《Mastering the Dynamics of Innovation》, Harvard Business Review Press, 1996.

보고서/논문

· Cho, T. S., and Hambrick, D. C. "Attention as the mediator between top management team characteristics and strategic change: The case of airline deregulation", 〈Organization Science〉 (2006) Vol. 17, No. 4, pp. 453~469.

· Chung D., "The Concept of Fit in Technological Innovation Research", 〈Research of Industry innovation〉 33-1, 2017. 3.

· Chung, D., Cho, T. S., & Kang, J., "TMT Knowledge Specificity and Search Behavior on Innovation: a Contingency Perspective", 〈In Academy of

Management Proceedings⟩(2015, 1) Vol. 2015, No. 1, p. 11,499, Academy of Management.

· Szulanski, G., "The process of knowledge transfer: A diachronic analysis of stickiness", ⟨Organizational behavior and human decision processes⟩(2000) 82(1), pp. 9~27.

· March, J. G., and Simon, H. A., "Organizations. England: Wiley Organizations", 1958.

· March, J. G., "Exploration and exploitation in organizational learning", ⟨Organization Science⟩(1991) Vol. 2, pp.71~87.

· March, J. G., "Continuity and change in theories of organizational action", ⟨Administrative Science Quarterly⟩(1996), pp. 278~287.

· "Advanced Manufacturing Archives", ⟨GE Reports⟩, 2017.

· "Bill Barnett on Strategy: The Problem with the 'Pivot,'", 2016. 7. 30.

· "Silicon Valley No Revenue", Radio On Internet on Make a GIF, 2015.

· "10 Ways For Startups To Survive The Valley Of Death", ⟨Forbes⟩, 2013. 2. 18.

미래의 속도를 따라잡는 힘

기술지능

1판 1쇄 발행 2017년 11월 7일
1판 3쇄 발행 2018년 11월 26일

지은이 정두희
펴낸이 고병욱

기획편집실장 김성수 **책임편집** 윤현주 **기획편집** 장지연 박혜정
마케팅 이일권 송만석 현나래 김재욱 김은지 오정민 **디자인** 공희 진미나 백은주 **외서기획** 엄정빈
제작 김기창 **관리** 주동은 조재언 신현민 **총무** 문준기 노재경 송민진 우근영

펴낸곳 청림출판(주)
등록 제1989-000026호.

본사 06048 서울시 강남구 도산대로 38길 11 청림출판(주) (논현동 63)
제2사옥 10881 경기도 파주시 회동길 173 청림아트스페이스 (문발동 518-6)
전화 02-546-4341 **팩스** 02-546-8053
홈페이지 www.chungrim.com
이메일 cr1@chungrim.com
블로그 blog.naver.com/chungrimpub
페이스북 www.facebook.com/chungrimpub

ISBN 978-89-352-1188-3 (03320)